자신감 충전
중등국어
한자성어

1단계

한자성어 실력 향상!
국어 어휘력 키우기

한자성어는 필수적으로 익혀두어야 할 어휘이며

국어 시험에도 자주 출제되는 분야입니다.

이 책에서는 주요 한자성어를 정리하였고

문제풀이를 통해 쉽게 익힐 수 있도록 구성하였습니다.

한자성어를 잘 활용하면 국어 시험에 강해집니다.

글을 쓸 때 한자성어를 활용하면 멋진 작문을 해낼 수 있습니다.

이제 한자성어 문제 앞에서 당황하지 마세요.

한자성어, 더 이상 고민하지 말고 마스터하세요!

자신감은 만들어가는 것입니다.
공부를 하면 자신감을 얻을 수 있습니다.
아는 만큼 자신감이 생깁니다.
배우고 익히며 **자신감을 충전**하세요!

목차

제1강

ㄱ

▶ 가가대소(呵呵大笑) 소리를 내서 크게 웃음. 예) 그의 말에 모두 가가대소하였다.

▶ 가가호호(家家戶戶) 한 집 한 집. 예) 우리는 내일부터 A동을 가가호호 방문할 예정이다.

▶ 가담항설(街談巷說) 거리나 항간에 떠도는 소문. 예) 그건 밝혀진 바가 없고 단지 가담항설일 뿐입니다.

▶ 각골난망(刻骨難忘) 타인에게 입은 은혜가 뼈에 새길 만큼 커서 잊히지 아니함.

▶ 각양각색(各樣各色) 각기 다른 여러 가지 모양과 빛깔. 예) 각양각색으로 피어난 꽃들.

▶ 각자도생(各自圖生) 제각기 살아 나갈 방법을 꾀함. 예)이제 각자도생할 궁리를 해야 겠다.

▶ 각주구검(刻舟求劍) 융통성 없이 현실에 맞지 않는 낡은 생각을 고집하는 어리석음.

▶ 간담상조(肝膽相照) 서로 속마음을 털어놓고 친하게 사귐.예) 간담상조하는 친구가 있어 즐겁다.

▶ 간운보월(看雲步月) 구름을 바라보거나 달빛 아래를 걷는다는 뜻으로, 객지에서 집을 생각함.

▶ 감개무량(感慨無量) 마음속으로 느끼는 감동이나 느낌이 끝이 없음.

▶ 감언이설(甘言利說) 귀가 솔깃하도록 남의 비위를 맞추거나 이로운 조건을 내세워 꾀는 말.

▶ 감지덕지(感之德之) 분에 넘치는 듯싶어 매우 고맙게 여기는 모양. 예)이만한 것도 감지덕지다.

▶ 감탄고토(甘呑苦吐) 달면 삼키고 쓰면 뱉는다는 뜻으로, 자신의 비위에 따라서 사리의 옳고 그름을 판단함. 예)처음부터 그 애가 감탄고토할 줄 알았다.

▶ 갑남을녀(甲男乙女) 갑이란 남자와 을이란 여자라는 뜻으로, 평범한 사람들.

▶ 갑론을박(甲論乙駁) 여러 사람이 서로 자신의 주장을 내세우며 상대방의 주장을 반박함.

▶ 개과천선(改過遷善) 지난날의 잘못이나 허물을 고쳐 올바르고 착하게 됨.

▶ 개선장군(凱旋將軍) ① 적과의 싸움에서 이기고 돌아온 장군. ② 어떤 일에 성공하여 의기양양한 사람.

▶ 거두절미(去頭截尾) ① 머리와 꼬리를 잘라 버림. ② 어떤 일의 요점만 간단히 말함.

▶ 건곤일척(乾坤一擲) 주사위를 던져 승패를 건다는 뜻으로, 운명을 걸고 단판걸이로 승부를 겨룸.

▶ 격물치지(格物致知) 실제 사물의 이치를 연구하여 지식을 완전하게 함.

▶ 견문일치(見聞一致) 보고 들은 바가 꼭 같음.

▶ 견물생심(見物生心) 어떠한 실물을 보게 되면 그것을 가지고 싶은 욕심이 생김.

뜻이 통하는 것끼리 이으시오.

1. 간담상조 •

• ① 서로 속마음을 털어놓고 친하게 사귐.

2. 가가대소 •

• ② 마음속으로 느끼는 감동이나 느낌이 끝이 없음.

3. 격물치지 •

• ③ 소리를 내어 크게 웃음.

4. 각자도생 •

• ④ 각기 다른 여러 가지 모양과 빛깔.

5. 감개무량 •

• ⑤ 제각기 살아 나갈 방법을 꾀함.

6. 간운보월 •

• ⑥ 여러 사람들이 서로 자기 주장을 내세워 상대방의 주장을 반박함.

7. 각주구검 •

• ⑦ 실제 사물의 이치를 연구하여 지식을 완전하게 함.

8. 각양각색 •

• ⑧ 객지에서 집을 생각함.

9. 갑론을박 •

• ⑨ 융통성 없이 현실에 맞지 않는 낡은 생각을 고집하는 어리석음.

10. 감언이설 •

• ⑩ 구미가 당기게 남의 비위를 맞추거나 이로운 조건을 내세워 꾀는 말.

11. 건곤일척 •

• ⑪ 실제 사물의 이치를 연구하여 지식을 완전하게 함.

12. 격물치지 •

• ⑫ 주사위를 던져 승패를 건다는 뜻으로, 운명을 걸고 단판걸이로 승부를 겨룸.

다음 한자성어에 알맞은 뜻을 고르시오

1. 각골난망 (   )

   ①한 집 한 집.

   ②매우 적은 분량.

   ③타인에게 입은 은혜가 뼈에 새길 만큼 커서 잊히지 아니함.

2. 감지덕지 (   )

   ①분에 넘치는 듯싶어 매우 고맙게 여기는 모양.

   ②각기 다른 여러 가지 모양과 빛깔.

   ③거리나 항간에 떠도는 소문.

3. 간운보월 (   )

   ①여러 사람이 서로 자신의 주장을 내세우며 상대편의 주장을 반박함.

   ②머물러 살 만하거나 살기 좋은 곳.

   ③객지에서 집을 생각함을 이르는 말.

4. 각자도생 (   )

   ①상대방을 제압하기 위해 선수를 쳐서 공격함.

   ②제각기 살아 나갈 방법을 꾀함.

   ③소리를 내어 크게 웃음.

5. 각주구검 (   )

   ①가까이에 있는 물건이나 사람을 잘 찾지 못함.

   ②귀가 솔깃하도록 남의 비위를 맞추거나 이로운 조건을 내세워 꾀는 말.

   ③융통성 없이 현실에 맞지 않는 생각을 고집하는 어리석음.

다음 뜻에 맞는 한자성어를 고르시오

6. 어떠한 실물을 보게 되면 그것을 가지고 싶은 욕심이 생김.　　　　　　　（　　　）

　　① 감언이설

　　② 견물생심

　　③ 간운보월

7. 서로 속마음을 털어놓고 친하게 사귐.　　　　　　　　　　　　　　　（　　　）

　　① 가가호호

　　② 간담상조

　　③ 감탄고토

8. 어떤 일에 성공하여 의기양양한 사람.　　　　　　　　　　　　　　　（　　　）

　　① 개선장군

　　② 가가호호

　　③ 개과천선

9. 실제 사물의 이치를 연구하여 지식을 완전하게 함.　　　　　　　　　（　　　）

　　① 각자도생

　　② 격물치지

　　③ 감지덕지

10. 귀가 솔깃하도록 남의 비위를 맞추거나 이로운 조건을 내세워 꾀는 말.　　（　　　）

　　① 감언이설

　　② 거두절미

　　③ 감개무량

다음 빈칸에 알맞은 말을 쓰시오.

1.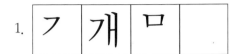

   · 마음속에서 느끼는 감동이나 느낌이 끝이 없음.

2.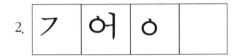

   · 귀가 솔깃하도록 남의 비위를 맞추거나 이로운 조건을 내세워 꾀는 말.

3. | 가 | 탄 | ㄱ | |
   |---|---|---|---|

   · 달면 삼키고 쓰면 뱉는다는 뜻으로, 자신의 비위에 따라서 사리의 옳고 그름을 판단함.

4. | 가 | 다 | | ㅈ |
   |---|---|---|---|

   · 서로 속마음을 털어놓고 친하게 사귐.

5. | 개 | | | 서 |
   |---|---|---|---|

   · 지난날의 잘못이나 허물을 고쳐 올바르고 착하게 됨.

6.

   · 융통성 없이 현실에 맞지 않는 낡은 생각을 고집하는 어리석음.

7.

| ㄱ | 서 | 장 | 구 |

· ① 적과의 싸움에서 이기고 돌아온 장군. ② 어떤 일에 성공하여 의기양양한 사람.

8.

| 가 | | 으 | 바 |

· 여러 사람이 서로 자신의 주장을 내세우며 상대편의 주장을 반박함.

9.

| 겨 | ㅁ | | 지 |

· 실제 사물의 이치를 연구하여 지식을 완전하게 함.

10.

| 거 | 고 | 이 | |

· 주사위를 던져 승패를 건다는 뜻으로, 운명을 걸고 단판걸이로 승부를 겨룸.

11.

| 거 | ㄷ | 저 | ㅁ |

· ① 머리와 꼬리를 자름. ② 어떤 일의 요점만 간단히 말함.

12.

| 가 | ㅈ | 더 | ㅈ |

· 분에 넘치는 듯싶어 매우 고맙게 여기는 모양.

제2강

▶ 견원지간(犬猿之間)	개와 원숭이의 사이처럼 사이가 매우 나쁜 두 관계. 예)견원지간이었던 그들이 달라졌다.
▶ 견토지쟁(犬免之爭)	개와 토끼의 다툼처럼, 두 사람의 싸움에 제삼자가 이익을 봄.
▶ 결자해지(結者解之)	맺은 사람이 풀어야 한다는 뜻으로, 자기가 한 일은 자기가 해결해야 함. 예) 결자해지의 마음가짐으로 일을 마무리하겠습니다.
▶ 결초보은(結草報恩)	죽은 뒤에라도 은혜를 잊지 않고 갚음.
▶ 겸사겸사(兼事兼事)	한 번에 여러 가지 일을 함. 예) 이왕 이렇게 된 거 겸사겸사 처리하려고 해요.
▶ 겸양지덕(謙讓之德)	겸손한 태도로 타인에게 양보나 사양을 하는 마음씨나 행동.
▶ 경거망동(輕舉妄動)	경솔하여 생각 없이 행동함. 예) 그런 경거망동을 했으니 이제 어쩌냐?
▶ 경국지색(傾國之色)	왕이 혹해 나라가 기울어져도 모를 정도의 미인. 매우 아름다운 미인. 예) 그녀는 경국지색의 미모 때문에 인생이 고달팠다.
▶ 계란유골(鷄卵有骨)	달걀에도 뼈가 있다는 뜻으로, 운이 나쁜 사람은 좋은 기회가 와도 일이 잘 안됨. 예) 잘 되는 듯하더니 결국 이 모양이다. 더도 말고 덜도 말고 딱 계란유골이다.
▶ 계륵(鷄肋)	①닭의 갈비. 별 소용이 없으나 버리기에는 아까운 것. ②몸이 매우 약한 사람. 예) 포기하자니 그렇고, 그렇다고 밀어붙이자니 또 그렇다. 이것이야 말로 계륵이로구나.
▶ 고관대작(高官大爵)	지위가 높은 벼슬. 또는 그런 위치에 있는 사람.
▶ 고군분투(孤軍奮鬪)	①고립되어 도움을 받지 못하게 된 군사가 다수의 적군과 용감하게 싸움. ②타인의 도움 없이 힘든 일을 잘해 나감. 예) 예측과 달리 고군분투하며 포기하지 않았다.
▶ 고립무원(孤立無援)	고립되어 구원을 받을 곳이 없음. 예) 어쩌다 이렇게 고립무원의 신세가 되었지?
▶ 고식지계(姑息之計)	우선 당장 편한 것만을 택하는 꾀나 방법. 잠시 안정을 얻기 위해 임시로 둘러맞추어 처리함. 예) 그런 식의 방법은 언발에 오줌 누기, 고식지계에 불과합니다.
▶ 고육지책(苦肉之策)	자기 몸을 상해 가면서까지 꾸며 내는 계책. 힘든 상태를 벗어나기 위해 어쩔 수 없이 꾸며낸 계책. 예)어쩔 수 없이 한 고육지책에도 결과는 좋지 않았다.
▶ 고진감래(苦盡甘來)	쓴 것이 다하면 단 것이 온다. 고생 끝에 낙이 온다. 예)고진감래라고 했다. 견디자!
▶ 곡학아세(曲學阿世)	바른 길에서 벗어난 학문으로 사람들에게 아부함.
▶ 골육상잔(骨肉相殘)	가까운 혈족끼리 서로 해침.

뜻이 통하는 것끼리 이으시오.

1. 결자해지 •   • ① 한 번에 여러 가지 일을 함.

2. 겸사겸사 •   • ② 자기가 한 일은 자기가 해결해야 함.

3. 계란유골 •   • ③ 개와 원숭이의 사이처럼 사이가 매우 나쁜 두 관계.

4. 겸양지덕 •   • ④ 두 사람의 싸움에 제삼자가 이익을 봄.

5. 견원지간 •   • ⑤ 매우 아름다운 미인.

6. 고군분투 •   • ⑥ 겸손한 태도로 타인에게 양보나 사양을 하는 마음씨나 행동.

7. 견토지쟁 •   • ⑦ 운이 나쁜 사람은 좋은 기회가 와도 일이 잘 안됨.

8. 고립무원 •   • ⑧ 고립되어 구원을 받을 곳이 없음.

9. 경국지색 •   • ⑨ 남의 도움을 받지 않고 힘에 벅찬 일을 잘해 나감.

10. 곡학아세 •   • ⑩ 바른 길에서 벗어난 학문으로 세상 사람에게 아첨함.

11. 고식지계 •   • ⑪ 별 소용이 없으나 버리기에는 아까운 것.

12. 계륵 •   • ⑫ 우선 당장 편한 것만을 택하는 꾀나 방법.

다음 한자성어에 알맞은 뜻을 고르시오

1. 고립무원 (   )

    ①고립되어 구원을 받을 데가 없음.

    ②지위가 높고 훌륭한 벼슬.

    ③죽은 뒤에라도 은혜를 잊지 않고 갚음.

2. 고군분투 (   )

    ①죽은 뒤에라도 은혜를 잊지 않고 갚음을 이르는 말.

    ②고립되어 도움을 받지 못하게 된 군사가 다수의 적군과 용감하게 싸움.

    ③한 번에 여러 가지 일을 함.

3. 결자해지 (   )

    ① 어떤 일의 요점만 간단히 말함.

    ② 자기가 저지른 일은 자기가 해결하여야 함을 이르는 말.

    ③ 운수가 나쁜 사람은 모처럼 좋은 기회를 만나도 역시 일이 잘 안됨.

4. 겸양지덕 (   )

    ①경솔하여 생각 없이 망령되게 행동함.

    ②겸손한 태도로 남에게 양보하거나 사양하는 마음씨나 행동.

    ③우선 당장 편한 것만을 택하는 방법. 일시적으로 안정을 얻으려고 임시로 둘러맞추어 처리함.

5. 곡학아세 (   )

    ①바른 길에서 벗어난 학문으로 세상 사람에게 아부함.

    ②어떤 일이 일어나기 전에 미리 앞을 내다보고 아는 지혜.

    ③마음과 마음으로 서로 뜻이 통함.

다음 뜻에 맞는 한자성어를 고르시오

6. 경거망동 ( )

  ① 겸손한 태도로 남에게 양보하는 마음씨나 행동.

  ② 경솔하여 생각 없이 망령되게 행동함.

  ③ 천가지 매운 것과 만 가지 쓴 것, 온갖 어려운 고비를 다 겪으며 심하게 고생함.

7. 계란유골 ( )

  ① 아주 친밀하여 떨어질 수 없는 사이.

  ② 바른 길에서 벗어난 학문으로 세상 사람에게 아첨함.

  ③ 운이 나쁜 사람은 모처럼 좋은 기회를 만나도 일이 잘 풀림.

8. 결초보은 ( )

  ① 재앙과 근심, 걱정이 바뀌어서 오히려 좋은 일이 됨.

  ② 죽은 뒤에라도 은혜를 잊지 않고 갚음.

  ③ 자기가 저지른 일은 자기가 해결해야 함.

9. 견토지쟁 ( )

  ① 몸이 몹시 약한 사람.

  ② 두 사람의 싸움에 제삼자가 이익을 봄.

  ③ 우선 당장 편한 것만을 택하는 꾀나 방법. 임시로 처리하거나 꾸며 내는 계책.

10. 고진감래 ( )

  ① 작은 일을 크게 떠벌림.

  ② 죽은 뒤에라도 은혜를 잊지 않고 갚음.

  ③ 고생 끝에 즐거움이 옴을 이르는 말.

다음 빈칸에 알맞은 말을 쓰시오.

1. | 결 | | 해 | ス |

· 맺은 사람이 풀어야 한다는 뜻. 자기가 한 일은 자기가 해결해야 함.

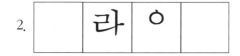

2. | | 란 | ㅇ | |

· 달걀에도 뼈가 있다는 뜻. 운수 나쁜 사람은 모처럼 좋은 기회가 와도 역시 일이 잘 안됨.

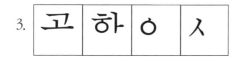

3. | 고 | 하 | ㅇ | ㅅ |

· 바른 길에서 벗어난 학문으로 세상 사람들에게 아부함.

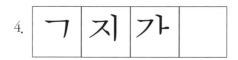

4. | ㄱ | 지 | 가 | |

· 쓴 것이 다하면 단 것이 온다는 뜻. 고생 끝에 즐거움이 옴.

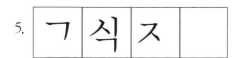

5. | ㄱ | 식 | ス | |

· 우선 당장 편한 것만을 택하는 방법. 한때의 안정을 얻기 위하여 임시로 처리하는 계책.

6. | | | | |

· 한 번에 여러 가지 일을 하려고 함.

7.

· 남의 도움을 받지 아니하고 벅찬 일을 잘해 나감.

8.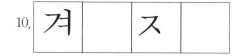

· 지위가 높고 훌륭한 벼슬. 또는 그런 위치에 있는 사람.

9.

· 고립되어 구원을 받을 데가 없음.

10.

· 개와 토끼의 다툼이라는 뜻. 두 사람의 싸움에 제삼자가 이익을 봄.

11.

· 고립되어 구원을 받을 데가 없음.

12. 겨 워 ㅈ 가

· 개와 원숭이의 사이, 사이가 매우 나쁜 두 관계.

제3강

▶ 골육상쟁 (骨肉相爭) 가까운 혈족끼리 서로 싸움. 예)그것이 마지막 골육상쟁의 비극이었다.

▶ 골육지정 (骨肉之情) 가까운 혈족 사이의 의로운 정.

▶ 공명정대 (公明正大) 하는 일이나 태도가 사사로움이나 그릇됨이 없이 아주 정당하고 떳떳함.

▶ 공수래공수거 빈손으로 왔다가 빈손으로 간다는 뜻으로, 재물에 욕심을 부릴 필요가 없음. 예)
(空手來空手去) 어차피 인생은 공수래공수거인 것을.

▶ 과유불급 (過猶不及) 정도를 지나침은 미치지 못함과 같다는 뜻으로, 중용(中庸)이 중요함. 예) 과유불급
이야. 괜한 욕심 부리지 마.

▶ 과전불납리 오이밭에서는 신을 고쳐 신지 말라는 뜻으로 의심받기 쉬운 행동은 하지 말아야
(瓜田不納履) 함.

▶ 관포지교(管鮑之交) 관중과 포숙의 우정. 우정이 아주 돈독한 친구 관계.

▶ 괄목상대 (刮目相對) 눈을 비비고 상대편을 본다는 뜻으로, 남의 학식이나 재주가 놀랄 만큼 부척 늚.
예) 그의 실력은 모두가 괄목상대할 만큼 늘었다.

▶ 교각살우(矯角殺牛) 소의 뿔을 바로잡으려다가 소를 죽인다는 뜻으로, 잘못된 점을 고치려다가 정도
가 지나쳐 오히려 일을 그르침.

▶ 교언영색(巧言令色) 아첨하는 말과 알랑거리는 태도. 예)넌 저 사람의 교언영색한 태도가 보이지 않니?

▶ 교우이신(交友以信) 세속 오계의 하나. 벗을 사귐에 믿음으로써 함.

▶ 구구절절(句句節節) 모든 구절. 예) 구구절절 안타까운 사연이 소개되어 있었다.

▶ 구밀복검(口蜜腹劍) 입에는 꿀이 있고 배 속에는 칼이 있다는 뜻으로 말로는 친한 듯하나 속으로는
해칠 생각이 있음.

▶ 구사일생(九死一生) 아홉 번 죽을 뻔하다 한 번 살아난다는 뜻. 죽을 고비를 여러 차례 넘기고 겨우
살아남. 예)그나마 구사일생으로 살아남아 다행이다.

▶ 구중궁궐(九重宮闕) 겹겹이 문으로 막은 깊은 궁궐, 임금이 있는 대궐 안.

▶ 군계일학(群鷄一鶴) 닭의 무리 가운데에서 한 마리의 학. 많은 사람 가운데서 뛰어난 인물. 예)한눈에
보기에도 그녀는 군계일학이었다.

▶ 군신유의(君臣有義) 오륜(五倫)의 하나. 임금과 신하 사이의 도리는 의리에 있음.

뜻이 통하는 것끼리 이으시오.

1. 공명정대 •   • ① 우정이 아주 돈독한 친구 관계.

2. 과전불납리 •   • ② 가까운 혈족끼리 서로 싸움.

3. 골육상쟁 •   • ③ 하는 일이나 태도가 사사로움이나 그릇됨이 없이 떳떳함.

4. 공수래공 •   • ④ 잘못된 점을 고치려다가 그 방법이 지나쳐 오히려 일을 그르침.
   수거

5. 관포지교 •   • ⑤ 재물에 욕심을 부릴 필요가 없음.

6. 교각살우 •   • ⑥ 의심받기 쉬운 행동은 하지 말아야 함을 이르는 말.

7. 교언영색 •   • ⑦ 남의 학식이나 재주가 놀랄 만큼 부쩍 늚.

8. 교우이신 •   • ⑧ 아첨하는 말과 알랑거리는 태도.

9. 괄목상대 •   • ⑨ 말로는 친한 듯하나 속으로는 해칠 생각이 있음.

10. 구밀복검 •   • ⑩ 세속 오계의 하나. 벗을 사귐에 믿음으로써 함.

11. 군계일학 •   • ⑪ 죽을 고비를 여러 차례 넘기고 겨우 살아남.

12. 구사일생 •   • ⑫ 많은 사람 가운데서 뛰어난 인물.

다음 한자성어에 알맞은 뜻을 고르시오

1. 군계일학 (   )

　　① 아첨하는 말과 알랑거리는 태도.

　　② 세상을 구제하는 이.

　　③ 많은 사람 가운데서 뛰어난 인물을 이르는 말.

2. 구구절절 (   )

　　① 아첨하는 말과 알랑거리는 태도.

　　② 모든 구절.

　　③ 겹겹이 문으로 막은 깊은 궁궐이라는 뜻으로, 임금이 있는 대궐 안을 이르는 말.

3. 과유불급 (   )

　　① 푸짐하게 잘 차린 맛있는 음식.

　　② 닭의 무리 가운데에서 한 마리의 학이란 뜻. 많은 사람 가운데 뛰어난 인물.

　　③ 정도를 지나침은 미치지 못함과 같다는 뜻으로, 중용(中庸)이 중요함을 이르는 말.

4. 공수래공수거 (   )

　　① 관중과 포숙의 사귐이란 뜻으로, 우정이 아주 돈독한 친구 관계를 이르는 말.

　　② 하는 일이나 태도가 사사로움이나 그릇됨이 없이 아주 정당하고 떳떳함.

　　③ 빈손으로 왔다가 빈손으로 간다는 뜻으로, 재물에 욕심을 부릴 필요가 없음을 이르는 말.

5. 구밀복검 (   )

　　① 나무나 돌처럼 아무런 감정도 없는 마음씨.

　　② 하는 일이나 태도가 사사로움이나 그릇됨이 없이 아주 정당하고 떳떳함.

　　③ 입에는 꿀이 있고 배 속에는 칼이 있다는 뜻, 말로는 친한 듯하나 속으로는 해칠 의도가 있음.

다음 뜻에 맞는 한자성어를 고르시오

6. 임금과 신하 사이의 도리는 의리에 있음.　　　　　　　　　　　（　　　　）

　　① 교언영색

　　② 군신유의

　　③ 구사일생

7. 세속 오계의 하나. 벗을 사귐에 믿음으로써 함을 이른다.　　　　（　　　　）

　　① 공수래공수거

　　② 괄목상대

　　③ 교우이신

8. 가까운 혈족끼리 서로 싸움.　　　　　　　　　　　　　　　　（　　　　）

　　① 골육상쟁

　　② 구구절절

　　③ 공명정대

9. 말로는 친한 듯하나 속으로는 해칠 생각이 있음을 이르는 말.　（　　　　）

　　① 교각살우

　　② 과전불납리

　　③ 구밀복검

10. 의심받기 쉬운 행동은 하지 말아야 함.　　　　　　　　　　　（　　　　）

　　① 골육지정

　　② 과전불납리

　　③ 괄목상대

다음 빈칸에 알맞은 말을 쓰시오.

1.

   · 가까운 혈족 사이의 의로운 정.

2.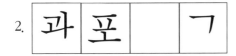

   · 우정이 아주 돈독한 친구 관계.

3.

   · 죽을 고비를 여러 차례 넘기고 겨우 살아남.

4.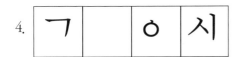

   · 세속 오계의 하나. 벗을 사귐에 믿음으로써 함을 이른다.

5.

   · 정도를 지나침은 미치지 못함과 같음.

6.

   · 눈을 비비고 상대편을 본다는 뜻. 남의 학식이나 재주가 놀랄 만큼 부쩍 늘어남.

7.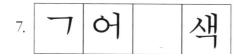

· 아첨하는 말과 알랑거리는 태도.

8.

· 모든 구절.

9.

· 잘못된 점을 고치려다가 그 방법이나 정도가 지나쳐 오히려 일을 그르침.

10.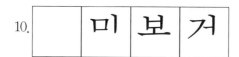

· 말로는 친한 듯하나 속으로는 해칠 의도가 있음.

11.

· 가까운 혈족끼리 서로 싸움.

12.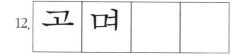

· 하는 일이나 태도가 사사로움이나 그릇됨이 없이 매우 정당하고 떳떳함.

제4강

▶ 궁여지책(窮餘之策) 궁한 나머지 생각다 못하여 짜낸 계책. 예)할 수 없이 꺼내놓은 궁여지책이었다.

▶ 권모술수(權謀術數) 목적 달성을 위하여 수단과 방법을 가리지 아니하는 온갖 모략이나 술책.

▶ 권선징악(勸善懲惡) 착한 일을 권장하고 악한 일을 징계함. 예) 이 작품의 결말은 권선징악에 따른다.

▶ 귤화위지(橘化爲枳) 회남의 귤을 회북에 옮겨 심으면 탱자가 된다는 뜻으로, 환경에 따라 사람이나 사물의 성질이 변함.

▶ 극락왕생(極樂往生) 죽어서 극락에 다시 태어남. 예)고인의 명복을 빌며 극락왕생을 바랬다.

▶ 극악무도(極惡無道) 더할 나위 없이 악하고 도리에 완전히 어긋나 있음.

▶ 근묵자흑(近墨者黑) 먹을 가까이하는 사람은 검어진다는 뜻으로, 나쁜 사람과 가까이 지내면 나쁜 버릇에 물들기 쉬움.

▶ 근하신년(謹賀新年) 삼가 새해를 축하한다는 뜻으로, 새해의 복을 비는 인사말.

▶ 금란지계(金蘭之契) 친구 사이의 매우 두터운 정을 이르는 말.

▶ 금상첨화(錦上添花) 비단 위에 꽃을 더한다는 뜻으로, 좋은 일 위에 또 좋은 일이 더해짐. 왕안석의 글에서 유래.

▶ 금의야행(錦衣夜行) ① 비단옷을 입고 밤길을 다닌다는 뜻으로, 자랑삼아 하지 않으면 생색이 나지 않음. ②아무 보람이 없는 일을 함.

▶ 금의환향(錦衣還鄉) 비단옷을 입고 고향에 돌아온다는 뜻으로, 출세를 하여 고향에 돌아가거나 돌아옴. 예) 금의환향하여 돌아온 정호 씨는 무척 행복해 보였다.

▶ 금지옥엽(金枝玉葉) ① 금으로 된 가지와 옥으로 된 잎이라는 뜻으로, 임금의 가족을 높여 이르는 말. ② 귀한 자손을 이르는 말. 예)그 애는 수호 씨가 금지옥엽으로 키운 자식이었다.

▶ 기고만장(氣高萬丈) ① 펄펄 뛸 만큼 대단히 성이 남. ②일이 뜻대로 잘될 때, 우쭐하여 뽐내는 기세가 대단함. 예) 일이 뜻대로 되니 이젠 기고만장하여 떠들기 시작했다.

▶ 기사회생(起死回生) 거의 죽을 뻔하다가 도로 살아남. 예)운 좋게 기사회생으로 버텼다.

▶ 기상천외(奇想天外) 착상이나 생각 따위가 쉽게 짐작할 수 없을 정도로 기발하고 엉뚱함.

▶ 길흉화복(吉凶禍福) 길흉과 화복을 아울러 이르는 말. 예) 길흉화복에서 길흉은 운이 좋고 나쁨을 뜻하는 말이다.

뜻이 통하는 것끼리 이으시오.

1. 권선징악 •

2. 귤화위지 •

3. 궁여지책 •

4. 극락왕생 •

5. 권모술수 •

6. 금상첨화 •

7. 근묵자흑 •

8. 길흉화복 •

9. 기상천외 •

10. 금란지계 •

11. 기고만장 •

12. 기사회생 •

• ① 환경에 따라 사람이나 사물의 성질이 변함.

• ② 궁한 나머지 생각다 못하여 짜낸 계책.

• ③ 목적 달성을 위하여 수단과 방법을 가리지 않는 온갖 술책.

• ④ 착한 일을 권장하고 악한 일을 징계함.

• ⑤ 나쁜 사람과 가까이 지내면 나쁜 버릇에 물들기 쉬움.

• ⑥ 죽어서 극락에 다시 태어남.

• ⑦ 친구 사이의 매우 두터운 정을 이르는 말.

• ⑧ 착상이나 생각 따위가 쉽게 짐작할 수 없을 정도로 기발하고 엉뚱함.

• ⑨ 길흉과 화복을 아울러 이르는 말.

• ⑩ 거의 죽을 뻔하다가 도로 살아남.

• ⑪ 좋은 일 위에 또 좋은 일이 더해짐.

• ⑫ 일이 뜻대로 잘될 때, 우쭐하여 뽐내는 기세가 대단함.

다음 한자성어에 알맞은 뜻을 고르시오

1. 금상첨화 (   )

   ① 비단 위에 꽃을 더한다는 뜻. 좋은 일 위에 또 좋은 일이 더해짐.

   ② 친구 사이의 매우 두터운 정을 이르는 말.

   ③ 더할 나위 없이 악하고 도리에 완전히 어긋나 있음.

2. 권모술수 (   )

   ① 손뼉을 치고 소리를 질러 환영하거나 찬성함.

   ② 출세를 하여 고향에 돌아가거나 돌아옴을 비유적으로 이르는 말.

   ③ 목적 달성을 위하여 수단과 방법을 가리지 아니하는 온갖 모략이나 술책.

3. 금지옥엽 (   )

   ① 죽어서 극락에 다시 태어남.

   ② 입으로만 외는 헛된 염불.

   ③ 귀한 자손을 이르는 말.

4. 권선징악 (   )

   ① 착한 일을 권장하고 악한 일을 징계함.

   ② 귀 · 눈 · 입 · 코를 아울러 이르는 말

   ③ 환경에 따라 사람이나 사물의 성질이 변함을 이르는 말.

5. 근묵자흑 (   )

   ① 궁한 나머지 생각다 못하여 짜낸 계책.

   ② 나쁜 사람과 가까이 지내면 나쁜 버릇에 물들기 쉬움을 비유적으로 이르는 말.

   ③ 일이 뜻대로 잘될 때, 우쭐하여 뽐내는 기세가 대단함.

다음 뜻에 맞는 한자성어를 고르시오

6. 나쁜 사람과 가까이 지내면 나쁜 버릇에 물들기 쉬움.　　　　　(　　　)

　　① 근묵자흑

　　② 문일지십

　　③ 사면초가

7. 환경에 따라 사람이나 사물의 성질이 변함.　　　　　　　　(　　　)

　　①무위도식

　　②귤화위지

　　③목석간장

8. 착상이나 생각 따위가 쉽게 짐작할 수 없을 정도로 기발하고 엉뚱함.　(　　　)

　　①기상천외

　　②권모술수

　　③죽마고우

9. 귀한 자손을 이르는 말.　　　　　　　　　　　　　　　(　　　)

　　①침소봉대

　　②금지옥엽

　　③조족지혈

10.출세를 하여 고향에 돌아가거나 돌아옴.　　　　　　　　(　　　)

　　①금의환향

　　②극락왕생

　　③권선징악

다음 빈칸에 알맞은 말을 쓰시오.

　• 회남의 귤을 회북에 옮겨 심으면 탱자가 된. 환경에 따라 사람이나 사물의 성질이 변함.

　• 더할 나위 없이 악하고 도리에 완전히 어긋나 있음.

　• 친구 사이의 매우 두터운 정을 이르는 말.

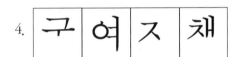

　• 궁한 나머지 생각다 못하여 짜낸 계책.

　• 일이 뜻대로 잘될 때, 우쭐하여 뽐내는 기세가 대단함.

　• 금으로 된 가지와 옥으로 된 잎이라는 뜻으로, 임금의 가족을 높여 이르는 말. 귀한 자손.

7.

· 좋은 일 위에 또 좋은 일이 더해짐.

8.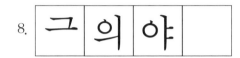

· 자랑삼아 하지 않으면 생색이 나지 않음.

9.

· 거의 죽을 뻔하다가 도로 살아남.

10.

· 나쁜 사람과 가까이 지내면 나쁜 버릇에 물들기 쉬움.

11.

· 궁한 나머지 생각다 못하여 짜낸 계책.

12.

· 목적 달성을 위하여 수단과 방법을 가리지 않는 온갖 모략이나 술책.

제5강

ㄴ

▶ 낙목공산(落木空山) 나뭇잎이 다 떨어져 텅 비고 쓸쓸한 산. 예)낙목공산에 부는 바람 한 점.

▶ 낙위지사(樂爲之事) 즐거워서 하는 일. 예) 이 일은 돈 벌려고 하는 게 아니라 낙위지사로 하는 것이다.

▶ 낙정하석(落穽下石) 함정에 빠진 사람에게 돌을 떨어뜨린다는 뜻으로, 어려운 처지에 놓인 사람을 도와주기는커녕 도리어 괴롭힘.

▶ 낙화유수(落花流水) 떨어지는 꽃과 흐르는 물이라는 뜻으로, 가는 봄의 경치.

▶ 난공불락(難攻不落) 공격하기가 어려워 쉽사리 함락되지 않음.

▶ 난득지물(難得之物) 얻거나 구하기 어려운 물건.

▶ 난상토의(爛商討議) 충분히 의견을 나누어 토의함. 또는 그런 토의.예)급히 난상토의를 했지만 결론은 없다.

▶ 난형난제(難兄難弟) 누구를 형이라 하고 누구를 아우라 하기 어렵다는 뜻으로, 두 사물이 비슷하여 낫고 못함을 정하기 어려움.

▶ 남가일몽(南柯一夢) 꿈과 같이 헛된 한때의 부귀영화. 예)돌이켜 생각해보니 그저 남가일몽에 지나지 않았다.

▶ 남부여대(男負女戴) 남자는 지고 여자는 인다는 뜻으로, 가난한 사람들이 살 곳을 찾아 이리저리 떠돌아다님.

▶ 낭중지추(囊中之錐) 주머니 속의 송곳이라는 뜻으로, 재능이 뛰어난 사람은 숨어 있어도 저절로 사람들에게 알려짐.

▶ 노발대발(怒發大發) 몹시 노하여 펄펄 뛰며 성을 냄. 예) 노발대발 난리를 쳐서 정신이 없다.

▶ 녹의홍상(綠衣紅裳) ① 연두저고리와 다홍치마. ② 곱게 차려입은 젊은 여자의 옷차림을 이르는 말.

▶ 누란지세(累卵之勢) 층층이 쌓아 놓은 알의 형세라는 뜻으로, 몹시 위태로운 형세. 예) 사건은 해결될 실마리가 보이지 않고 누란지세의 형국으로 치달았다.

▶ 누란지위(累卵之危) 층층이 쌓아 놓은 알의 위태로움이라는 뜻으로, 몹시 아슬아슬한 위기.

▶ 능간능수(能幹能手) 일을 잘 해치우는 재간과 익숙한 솜씨.

▶ 능소능대(能小能大) 모든 일에 두루 능함. 예)착실한 그녀는 업무에서도 능소능대했다.

▶ 능언앵무(能言鸚鵡) 말은 잘하나 실제 학문은 없는 사람을 이르는 말.

▶ 능지처참(陵遲處斬) 대역죄를 범한 자에게 과하던 극형.

뜻이 통하는 것끼리 이으시오.

1. 난형난제 •

• ① 떨어지는 꽃과 흐르는 물이라는 뜻으로, 가는 봄의 경치.

2. 난상토의 •

• ② 재능이 뛰어난 사람은 숨어 있어도 저절로 사람들에게 알려짐.

3. 낙위지사 •

• ③ 충분히 의견을 나누어 토의함. 또는 그런 토의.

4. 낙화유수 •

• ④ 두 사물이 비슷하여 낫고 못함을 정하기 어려움을 이르는 말.

5. 낭중지추 •

• ⑤ 즐거워서 하는 일. 또는 즐거움으로 삼는 일.

6. 노발대발 •

• ⑥ 어려운 처지에 놓인 사람을 도와주기는커녕 도리어 괴롭힘.

7. 남가일몽 •

• ⑦ 꿈과 같이 헛된 한때의 부귀영화를 이르는 말.

8. 낙정하석 •

• ⑧ 얻거나 구하기 어려운 물건.

9. 난득지물 •

• ⑨ 몹시 노하여 펄펄 뛰며 성을 냄.

10. 누란지위 •

• ⑩ 곱게 차려입은 젊은 여자의 옷차림.

11. 녹의홍상 •

• ⑪ 몹시 아슬아슬한 위기.

12. 능소능대 •

• ⑫ 모든 일에 두루 능함.

다음 한자성어에 알맞은 뜻을 고르시오

1. 낭중지추 (   )

   ①여러 말 할 것 없이 요점만 말하건대.

   ②떨어지는 꽃과 흐르는 물이라는 뜻으로, 가는 봄의 경치를 이르는 말.

   ③재능이 뛰어난 사람은 숨어 있어도 저절로 사람들에게 알려짐을 이르는 말.

2. 남가일몽 (   )

   ①미처 어찌할 수 없는 급작스러운 순간.

   ② 꿈과 같이 헛된 한때의 부귀영화를 이르는 말.

   ③공격하기가 어려워 쉽사리 함락되지 아니함.

3. 난형난제 (   )

   ①몹시 노하여 펄펄 뛰며 성을 냄.

   ②즐거워서 하는 일. 또는 즐거움으로 삼는 일.

   ③ 두 사물이 비슷하여 낫고 못함을 정하기 어려움을 이르는 말.

4. 낙화유수 (   )

   ①떨어지는 꽃과 흐르는 물이라는 뜻으로, 가는 봄의 경치를 이르는 말.

   ② 몹시 노하여 펄펄 뛰며 성을 냄.

   ③공평하여 사사로움이 없음.

5. 능간능수 (   )

   ①일을 잘 해치우는 재간과 익숙한 솜씨.

   ②공격하기가 어려워 쉽사리 함락되지 아니함.

   ③어려운 처지에 놓인 사람을 도와주기는커녕 도리어 괴롭힘을 비유적으로 이르는 말.

다음 뜻에 맞는 한자성어를 고르시오

6. 대역죄를 범한 자에게 과하던 극형.   (   )

    ①남부여대

    ②능지처참

    ③능소능대

7. 몹시 위태로운 형세.   (   )

    ①낭중지추

    ②누란지세

    ③능언앵무

8. 공격하기가 어려워 쉽게 함락되지 않음.   (   )

    ①난공불락

    ②남부여대

    ③ 녹의홍상

9. 몹시 노하여 펄펄 뛰며 성을 냄.   (   )

    ①누란지위

    ②난득지물

    ③노발대발

10.나뭇잎이 다 떨어져 텅 비고 쓸쓸한 산.   (   )

    ① 누란지위

    ② 낙목공산

    ③ 녹의홍상

다음 빈칸에 알맞은 말을 쓰시오.

1.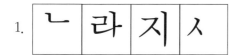

· 층층이 쌓아 놓은 알의 형세. 몹시 위태로운 형세.

2.

· 남자는 지고 여자는 인다는 뜻으로, 가난한 사람들이 살 곳을 찾아 이리저리 떠돌아다님.

3.

· 몹시 노하여 펄펄 뛰며 성을 냄.

4.

· 주머니 속의 송곳, 재능이 뛰어난 사람은 숨어 있어도 저절로 사람들에게 알려짐.

5.

· 즐거워서 하는 일. 또는 즐거움으로 삼는 일.

6.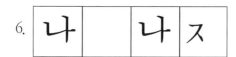

· 두 사물이 비슷하여 낫고 못함을 정하기 어려움.

7.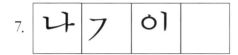

· 꿈과 같이 헛된 한때의 부귀영화.

8.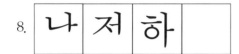

· 어려운 처지에 놓인 사람을 도와주기는커녕 도리어 괴롭힘.

9.

· 떨어지는 꽃과 흐르는 물이라는 뜻으로, 가는 봄의 경치.

10.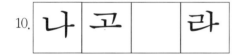

· 공격하기가 어려워 쉽사리 함락되지 않음.

11.

· 얻거나 구하기 어려운 물건.

12.

· 나뭇잎이 다 떨어져 텅 비고 쓸쓸한 산.

제6강

ㄷ

▶다기망양(多岐亡羊)	두루 섭렵하기만 하고 전공하는 바가 없어 끝내 성취하지 못함.
▶다문박식(多聞博識)	보고 들은 것이 많고 아는 것이 많음. 예) 다문박식하여 주변에 사람이 많았다.
▶다사다난(多事多難)	여러 가지 일도 많고 어려움이나 탈도 많음. 예) 참으로 다사다난한 한 해였다.
▶다사분주(多事奔走)	여러 가지로 일이 많아 몹시 바쁨. 예) 행사 당일에는 모두가 다사분주했다.
▶다재다능(多才多能)	재주와 능력이 여러 가지로 많음. 예) 영희는 관심사가 많고 다재다능하다.
▶다정다감(多情多感)	정이 많고 감정이 풍부함. 예)무엇보다 다정다감하고 친절한 성품이 마음에 들었다.
▶단순호치(丹脣皓齒)	붉은 입술과 하얀 치아라는 뜻으로, 아름다운 여자.
▶당연지사(當然之事)	일의 앞뒤 사정을 놓고 판단할 때에 마땅히 그렇게 해야 한다고 여겨지는 일. 예) 이번에 그가 좋은 평가를 받은 건 당연지사다.
▶대기만성(大器晩成)	큰 그릇을 만드는 데는 시간이 오래 걸린다는 뜻으로, 크게 될 사람은 늦게 이루어짐. 예) 우직하고 성실한 선호는 대기만성형 인물이다.
▶대대손손(代代孫孫)	오래도록 내려오는 여러 대. 예)대대손손 걸출한 인물들이 등장했다.
▶대동소이(大同小異)	큰 차이 없이 거의 같음. 예)실력이 대동소이하여 누가 뽑힐 지 모르겠다.
▶대서특필(大書特筆)	신문 따위의 출판물에서 어떤 기사에 큰 비중을 두어 다룸.
▶대성통곡(大聲痛哭)	큰 소리로 몹시 슬프게 곡을 함. 예) 그 소식을 들은 정호는 대성통곡하였다.
▶독불장군(獨不將軍)	무슨 일이든 자기 생각대로 혼자서 처리하는 사람.
▶독서망양(讀書亡羊)	하는 일에는 뜻이 없고 다른 생각만 하다가 낭패를 봄.
▶독서삼매(讀書三昧)	다른 생각은 전혀 아니 하고 오직 책 읽기에만 골몰하는 경지.
▶독야청청(獨也靑靑)	남들이 모두 절개를 꺾는 상황 속에서도 홀로 절개를 군세게 지킴.
▶돈목지의(敦睦之誼)	①두텁고 화목한 정. ② 일가친척 사이에 오가는 두텁고 화목한 정.
▶돈불고견(頓不顧見)	전혀 돌아보지 아니함. 예)반려동물을 돈불고견하는 건 나쁜 행동입니다.
▶동가구(東家丘)	사람을 알아볼 줄 모름.
▶동가식서가숙 (東家食西家宿)	일정한 거처가 없이 떠돌아다니며 지냄.

뜻이 통하는 것끼리 이으시오.

1. 다사다난 •　　　• ① 다른 생각은 전혀 아니 하고 오직 책 읽기에만 골몰하는 경지.

2. 다문박식 •　　　• ② 두루 섭렵하기만 하고 전공하는 바가 없어 끝내 성취하지 못함.

3. 독서망양 •　　　• ③ 보고 들은 것이 많고 아는 것이 많음.

4. 다기망양 •　　　• ④ 여러 가지로 일이 많아 몹시 바쁨.

5. 독서삼매 •　　　• ⑤ 여러 가지 일도 많고 어려움이나 탈도 많음.

6. 다사분주 •　　　• ⑥ 재주와 능력이 여러 가지로 많음.

7. 다재다능 •　　　• ⑦ 무슨 일이든 자기 생각대로 혼자서 처리하는 사람.

8. 독불장군 •　　　• ⑧ 하는 일에는 뜻이 없고 다른 생각만 하다가 낭패를 봄.

9. 대기만성 •　　　• ⑨ 남들이 모두 절개를 꺾어도 홀로 절개를 굳세게 지키고 있음.

10. 돈목지의 •　　　• ⑩ 크게 될 사람은 늦게 이루어짐을 이르는 말.

11. 독야청청 •　　　• ⑪ 일가친척 사이에 오가는 두텁고 화목한 정.

12. 대성통곡 •　　　• ⑫ 큰 소리로 몹시 슬프게 곡을 함.

다음 한자성어에 알맞은 뜻을 고르시오

1. 돈불고견 (   )

   ①보고 들은 것이 많고 아는 것이 많음.

   ②전혀 돌아보지 아니함.

   ③아름답고 좋은 풍속 혹은 기풍.

2. 대기만성 (   )

   ①재주와 능력이 여러 가지로 많음.

   ②여러 가지 일도 많고 어려움이나 탈도 많음.

   ③크게 될 사람은 늦게 이루어짐을 이르는 말.

3. 독서망양 (   )

   ①불을 보듯 분명함.

   ② 두루 섭렵하기만 하고 전공하는 바가 없어 끝내 성취하지 못함을 이르는 말.

   ③하는 일에는 뜻이 없고 다른 생각만 하다가 낭패를 봄을 이르는 말.

4. 독야청청 (   )

   ①정이 많고 감정이 풍부함.

   ②보고 들은 것이 많고 아는 것이 많음.

   ③남들이 모두 절개를 꺾는 상황 속에서도 홀로 절개를 굳세게 지킴.

5. 다사다난 (   )

   ①개점을 하고 있으나 장사가 안 되어 휴업한 것과 같은 상태.

   ②일가친척 사이에 오가는 두텁고 화목한 정.

   ③여러 가지 일도 많고 어려움이나 탈도 많음.

다음 뜻에 맞는 한자성어를 고르시오

6. 무슨 일이든 자기 생각대로 혼자서 처리하는 사람.　　　　　(　　)

　　①다문박식

　　②다사다난

　　③독불장군

7. 두루 섭렵하기만 하고 전공하는 바가 없어 끝내 성취하지 못함.　　(　　)

　　①대대손손

　　②대기만성

　　③다기망양

8. 남들이 모두 절개를 꺾어도 홀로 절개를 굳세게 지킴.　　　(　　)

　　①대동소이

　　②독야청청

　　③대서특필

9. 여러 가지로 일이 많아 몹시 바쁨.　　　　　(　　)

　　① 당연지사

　　② 다정다감

　　③ 다사분주

10.큰 소리로 몹시 슬프게 곡을 함.　　　　　(　　)

　　① 단순호치

　　② 독서삼매

　　③ 대성통곡

다음 빈칸에 알맞은 말을 쓰시오.

1.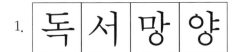

   · 하는 일에는 뜻이 없고 다른 생각만 하다가 낭패를 봄.

2.

   · 큰 차이 없이 거의 같음.

3.

   · 두루 섭렵하기만 하고 전공하는 바가 없어 끝내 성취하지 못함.

4.

   · 큰 그릇을 만드는 데는 시간이 오래 걸린다는 뜻. 크게 될 사람은 늦게 이루어짐.

5.

   · 두텁고 화목한 정.

6.

   · 붉은 입술과 하얀 치아라는 뜻으로, 아름다운 여자를 이르는 말.

7.

· 재주와 능력이 여러 가지로 많음.

8.

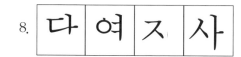

· 일의 앞뒤 사정을 놓고 판단할 때에 마땅히 해야 한다고 하거나 여겨지는 일.

9.

· 오래도록 내려오는 여러 대.

10.

· 보고 들은 것이 많고 아는 것이 많음.

11.

· 여러 가지 일도 많고 어려움이나 탈도 많음.

12.

· 전혀 돌아보지 아니함.

제7강

▶동고동락(同苦同樂)	괴로움도 즐거움도 함께함. 예) 그들은 오랜 시간 동고동락을 해온 사이였다.
▶동문서답(東問西答)	물음과는 전혀 상관없는 엉뚱한 대답.예)그의 동문서답에 모두 웃었다.
▶동병상련(同病相憐)	어려운 처지에 있는 사람끼리 서로 가엾게 여김.
▶동분서주(東奔西走)	동쪽으로 뛰고 서쪽으로 뛴다는 뜻으로, 사방으로 이리저리 몹시 바쁘게 돌아다님을 이르는 말. 예)재료를 구하기 위해 동분서주했다.
▶동서고금(東西古今)	동양과 서양, 옛날과 지금. 예)동서고금을 통틀어 변하지 않는 것은 무엇인가?
▶동족상잔(同族相殘)	같은 겨레끼리 서로 싸우고 죽임.
▶두문불출(杜門不出)	집에만 있고 바깥출입을 하지 않음. 예) 그가 두문불출한지 일주일이 넘었다.
▶득의양양(得意揚揚)	뜻한 바를 이루어 우쭐거리며 뽐냄. 예)1등을 하더니 몹시도 득의양양하다.
▶등용문(登龍門)	용문(龍門)에 오른다는 뜻으로, 어려운 관문을 통과하여 크게 출세하게 됨. 예) 그 시험은 모든 청년들이 선망하는 등용문이었다.
▶등하불명(燈下不明)	등잔 밑이 어둡다는 뜻으로, 가까이에 있는 물건이나 사람을 잘 찾지 못함.
▶등화가친(燈火可親)	등불을 가까이할 만하다는 뜻으로 서늘한 가을밤은 등불을 가까이 하여 글 읽기에 좋음.

ㅁ

▶마이동풍(馬耳東風)	동풍이 말의 귀를 스쳐 간다는 뜻으로 남의 말을 귀담아듣지 아니하고 지나쳐 흘려버림. 예) 아무리 잔소리를 해도 마이동풍이다.
▶막무가내(莫無可奈)	달리 어찌할 수 없음. 예) 막무가내로 덤벼들어 몹시 곤란했다.
▶막상막하(莫上莫下)	더 낫고 더 못함의 차이가 거의 없음. 예)실력이 막상막하라서 승부를 가리기 어렵다.
▶막역지우(莫逆之友)	서로 거스름이 없는 친구. 예) 어제 오신 분은 나의 막역지우란다.
▶만경창파(萬頃蒼波)	만 이랑의 푸른 물결이라는 뜻으로, 한없이 넓고 넓은 바다.
▶만고강산(萬古江山)	아주 오랜 세월 동안 변함이 없는 산천.

뜻이 통하는 것끼리 이으시오.

1. 동문서답 •   • ① 괴로움도 즐거움도 함께함.

2. 동병상련 •   • ② 사방으로 이리저리 몹시 바쁘게 돌아다님.

3. 동고동락 •   • ③ 집에만 있고 바깥출입을 아니함.

4. 막상막하 •   • ④ 어려운 처지에 있는 사람끼리 서로 가엾게 여김.

5. 동서고금 •   • ⑤ 물음과는 전혀 상관없는 엉뚱한 대답.

6. 동분서주 •   • ⑥ 더 낫고 더 못함의 차이가 거의 없음.

7. 막역지우 •   • ⑦ 동양과 서양, 옛날과 지금.

8. 만경창파 •   • ⑧ 어려운 관문을 통과하여 크게 출세하게 됨.

9. 두문불출 •   • ⑨ 서늘한 가을밤은 등불을 가까이 하여 글 읽기에 좋음.

10. 마이동풍 •   • ⑩ 한없이 넓고 넓은 바다.

11. 등화가친 •   • ⑪ 허물 없이 아주 친한 친구.

12. 등용문 •   • ⑫ 남의 말을 귀담아듣지 아니하고 지나쳐 흘려버림.

다음 한자성어에 알맞은 뜻을 고르시오

1. 동병상련 (   )

   ①괴로움도 즐거움도 함께함.

   ②집안 살림의 수입과 지출을 쓰는 장부.

   ③어려운 처지에 있는 사람끼리 서로 가엾게 여김.

2. 두문불출 (   )

   ①뜻한 바를 이루어 우쭐거리며 뽐냄.

   ②간과 쓸개, 속마음.

   ③집에만 있고 바깥출입을 아니함.

3. 마이동풍 (   )

   ①괴로움도 즐거움도 함께함.

   ②남의 말을 귀담아듣지 아니하고 지나쳐 흘려버림.

   ③더 낫고 더 못함의 차이가 거의 없음.

4. 만경창파 (   )

   ①미래에 대해 쓸데없는 걱정을 함.

   ②사방으로 이리저리 몹시 바쁘게 돌아다님을 이르는 말.

   ③만 이랑의 푸른 물결이라는 뜻으로, 한없이 넓고 넓은 바다.

5. 등화가친 (   )

   ①서늘한 가을밤은 등불을 가까이 하여 글 읽기에 좋음.

   ②사방으로 이리저리 몹시 바쁘게 돌아다님.

   ③더 낫고 더 못함의 차이가 거의 없음.

다음 뜻에 맞는 한자성어를 고르시오

6. 집에만 있고 바깥출입을 아니함.   (   )

　　①두문불출

　　② 동문서답

　　③등용문

7. 서늘한 가을밤은 등불을 가까이 하여 글 읽기에 좋음을 이르는 말.   (   )

　　①등화가친

　　②동고동락

　　③동분서주

8. 어려운 처지에 있는 사람끼리 서로 가엾게 여김을 이르는 말.   (   )

　　①동병상련

　　②동고동락

　　③득의양양

9. 더 낫고 더 못함의 차이가 거의 없음.   (   )

　　①막상막하

　　②만경창파

　　③만고강산

10.아주 오랜 세월 동안 변함이 없는 산천.   (   )

　　①등화가친

　　② 막무가내

　　③ 만고강산

다음 빈칸에 알맞은 말을 쓰시오.

1.

· 서늘한 가을밤은 등불을 가까이 하여 글 읽기에 좋음.

2.

· 사방으로 이리저리 몹시 바쁘게 돌아다님.

3. [ ][ ][ ][ ]

· 남의 말을 귀담아듣지 아니하고 지나쳐 흘려버림을 이르는 말.

4.

· 어려운 처지에 있는 사람끼리 서로 가엾게 여김.

5.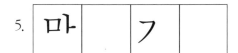

· 달리 어찌할 수 없음.

6.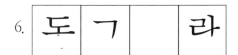

· 괴로움도 즐거움도 함께함.

7.

· 물음과는 전혀 상관없는 엉뚱한 대답.

8.

· 뜻한 바를 이루어 우쭐거리며 뽐냄.

9.

· 동양과 서양, 옛날과 지금.

10.

· 만 이랑의 푸른 물결이라는 뜻으로, 한없이 넓고 넓은 바다.

11.

· 더 낫고 더 못함의 차이가 거의 없음.

12.

· 허물 없이 아주 친한 친구.

제8강

▶ 만고천추(萬古千秋)	오래고 영원한 세월. 예)그것은 <u>만고천추</u>의 전설이었다.
▶ 만분지일(萬分之一)	만으로 나눈 것의 하나라는 뜻으로, 아주 적은 경우. 예)<u>만분지일</u>의 가능성.
▶ 만사형통(萬事亨通)	모든 것이 뜻대로 잘됨. 예)잡음 없이 <u>만사형통</u>으로 끝나서 다행이다.
▶ 만수무강(萬壽無疆)	아무런 탈 없이 아주 오래 삶. 예) 별 탈 없이 부디 <u>만수무강</u>하세요.
▶ 만장일치(滿場一致)	모든 사람의 의견이 같음. 예) <u>만장일치</u>로 그 안건이 채택되었다.
▶ 망망대해(茫茫大海)	한없이 크고 넓은 바다. 예) <u>망망대해</u>에 기러기 떼만 날아다닐 뿐이다.
▶ 망연자실(茫然自失)	멍하니 정신을 잃음. 예)그 소식을 듣고 <u>망연자실</u>한 모습이었다.
▶ 망운지정(望雲之情)	자식이 객지에서 고향에 계신 어버이를 생각하는 마음.
▶ 망중한(忙中閑)	바쁜 가운데 잠깐 얻어 낸 틈.
▶ 맹모삼천지교 (孟母三遷之敎)	맹자의 어머니가 아들을 가르치기 위하여 세 번이나 이사를 하였음을 이르는 말. 예)<u>맹모삼천지교</u>처럼 교육을 위해 결국 이사를 하기로 했다.
▶ 면종복배(面從腹背)	겉으로는 복종하는 체하면서 내심으로는 배반함.
▶ 명견만리(明見萬里)	만 리 앞을 내다본다는 뜻으로, 관찰력이나 판단력이 매우 정확하고 뛰어남.
▶ 명불허전(名不虛傳)	명성이나 명예가 헛되이 퍼진 것이 아니라는 뜻으로, 이름날 만한 까닭이 있음. 예) 전부터 예사롭지 않더니 그가 해냈구나. 역시나 <u>명불허전</u>이다.
▶ 명실상부(名實相符)	이름과 실상이 서로 꼭 맞음.
▶ 모순(矛盾)	어떤 사실의 앞뒤, 또는 두 사실이 이치상 어긋나서 서로 맞지 않음.
▶ 목불식정(目不識丁)	아주 간단한 글자인 '丁' 자를 보고도 그것이 '고무래'인 줄을 알지 못하는 까막눈.
▶ 몽중몽(夢中夢)	꿈속의 꿈이란 뜻으로, 이 세상이 덧없음.
▶ 무궁무진(無窮無盡)	끝 없고 다함이 없음. 예) 너의 능력은 무궁무진하다.
▶ 무남독녀(無男獨女)	아들이 없는 집안의 외동딸.
▶ 무념무상(無念無想)	무아의 경지에 이르러 일체의 상념을 떠남.

뜻이 통하는 것끼리 이으시오.

1. 명불허전 •

• ① 자식이 객지에서 고향에 계신 어버이를 생각하는 마음.

2. 만사형통 •

• ② 오래고 영원한 세월.

3. 만고천추 •

• ③ 아무런 탈 없이 아주 오래 삶.

4. 만수무강 •

• ④ 이름날 만한 까닭이 있음.

5. 명불허전 •

• ⑤ 만으로 나눈 것의 하나라는 뜻으로, 아주 적은 경우.

6. 목불식정 •

• ⑥ 모든 것이 뜻대로 잘됨.

7. 만분지일 •

• ⑦ 이름날 만한 까닭이 있음.

8. 모순 (矛盾) •

• ⑧ 모든 사람의 의견이 같음.

9. 몽중몽 •

• ⑨ 어떤 사실의 앞뒤, 또는 두 사실이 이치상 어긋나서 서로 맞지 않음.

10. 만장일치 •

• ⑩ 꿈속의 꿈이란 뜻으로, 이 세상이 덧없음.

11. 망운지정 •

• ⑪ 아주 까막눈임을 이르는 말.

12. 면종복배 •

• ⑫ 겉으로는 복종하는 체하면서 내심으로는 배반함.

다음 한자성어에 알맞은 뜻을 고르시오

1. 망운지정　(　　　　)

　①오래고 영원한 세월.

　②모든 것이 뜻대로 잘됨.

　③자식이 객지에서 고향에 계신 어버이를 생각하는 마음.

2. 망연자실　(　　　　)

　①모든 일이 잘되어서 탈이 없고 평안함.

　②아주 적은 경우를 이르는 말.

　③멍하니 정신을 잃음.

3. 만고천추　(　　　　)

　①여러 방면.

　②끝이 없고 다함이 없음.

　③오래고 영원한 세월.

4. 목불식정　(　　　　)

　①다른 사람을 대신하는 사람.

　②모든 사람의 의견이 같음.

　③아주 까막눈임을 이르는 말.

5. 면종복배　(　　　　)

　①겉으로는 복종하는 체하면서 내심으로는 배반함.

　②모든 사람의 의견이 같음.

　③아무런 탈 없이 아주 오래 삶.

다음 뜻에 맞는 한자성어를 고르시오

6. 무아의 경지에 이르러 일체의 상념을 떠남.　　　　　　　　　　　(　　　)

　　①무아지경

　　②만분지일

　　③망중한

7. 바쁜 가운데 잠깐 얻어 낸 틈.　　　　　　　　　　　　　　　　(　　　)

　　①모순

　　②망중한

　　③명불허전

8. 아주 까막눈임을 이르는 말.　　　　　　　　　　　　　　　　　(　　　)

　　①만고천추

　　②목불식정

　　③망연자실

9. 아들이 없는 집안의 외동딸.　　　　　　　　　　　　　　　　　(　　　)

　　①무남독녀

　　②망운지정

　　③만장일치

10. 겉으로는 복종하는 체하면서 내심으로는 배반함.　　　　　　　　(　　　)

　　①만수무강

　　②망망대해

　　③면종복배

다음 빈칸에 알맞은 말을 쓰시오.

1.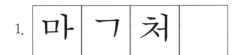

   · 오래고 영원한 세월.

2.

   · 이름과 실상이 서로 꼭 맞음.

3.

   · 아주 간단한 글자인 '丁' 자를 보고도 '고무래'인 줄을 알지 못한다는 뜻으로, 아주 까막눈임.

4.

   · 자식이 객지에서 고향에 계신 어버이를 생각하는 마음.

5.

   · 명성이나 명예가 헛되이 퍼진 것이 아니고 이름날 만한 까닭이 있음.

6.

   · 만 리 앞을 내다본다는 뜻으로, 관찰력이나 판단력이 매우 정확하고 뛰어남.

7.

· 만으로 나눈 것의 하나라는 뜻으로, 아주 적은 경우.

8.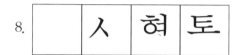

· 모든 것이 뜻대로 잘됨.

9.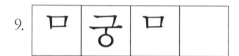

· 끝이 없고 다함이 없음.

10.

· 겉으로는 복종하는 체하면서 내심으로는 배반함.

11.

· 아무런 탈 없이 아주 오래 삶.

12.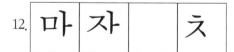

· 모든 사람의 의견이 같음.

제9강

▶무소불위(無所不爲)	하지 못하는 일이 없음.
▶무위도식(無爲徒食)	하는 일 없이 놀고먹음. 예) 언제까지 그렇게 무위도식하고 있을 거니?
▶무위자연(無爲自然)	사람의 힘을 더하지 않은 그대로의 자연. 또는 그런 이상적인 경지.
▶묵묵부답(默默不答)	잠자코 아무 대답도 하지 않음. 예) 질문이 쏟아졌지만 묵묵부답이었다.
▶문방사우(文房四友)	종이, 붓, 먹, 벼루의 네 가지 문방구.
▶문일지십(聞一知十)	하나를 듣고 열 가지를 미루어 안다는 뜻으로, 지극히 총명함.
▶문전성시(門前成市)	찾아오는 사람이 많아 집 문 앞이 시장을 이루다시피 함.
▶물아일체(物我一體)	외물(外物)과 자아, 객관과 주관, 또는 물질계와 정신계가 어울려 하나가 됨.
▶미사여구(美辭麗句)	아름다운 말로 듣기 좋게 꾸민 글귀. 예) 온갖 미사여구로 점철된 편지였다.

ㅂ

▶박리다매(薄利多賣)	이익을 적게 보고 많이 파는 것. 예)박리다매로 나온 상품이라 가격이 싸다.
▶박장대소(拍掌大笑)	손뼉을 치며 크게 웃음. 예) 여기저기서 박장대소가 터졌다.
▶박학다식(博學多識)	학식이 넓고 아는 것이 많음. 예) 내 친구는 박학다식하여 모르는 게 없다.
▶반신반의(半信半疑)	얼마쯤 믿으면서도 한편으로는 의심함.
▶반신불수(半身不隨)	병이나 사고로 반신이 마비되는 일. 예) 사고로 반신불수가 되었지만 희망을 잃지 않았다.
▶반의지희(斑衣之戲)	늙어서 효도함.
▶반포지효(反哺之孝)	까마귀 새끼가 자라서 늙은 어미에게 먹이를 물어다 주는 효(孝). 자식이 자란 후에 어버이의 은혜를 갚는 효성.
▶발본색원(拔本塞源)	좋지 않은 일의 근본 원인이 되는 요소를 완전히 없애 버려서 다시는 그러한 일이 생길 수 없도록 함.
▶방방곡곡(坊坊曲曲)	한 군데도 빠짐이 없는 모든 곳.
▶배수진(背水陣)	어떤 일을 성취하기 위하여 더 이상 물러설 수 없음.

뜻이 통하는 것끼리 이으시오.

1. 묵묵부답 •　　　　　• ① 하지 못하는 일이 없음.

2. 문일지십 •　　　　　• ② 사람의 힘을 더하지 않은 그대로의 자연. 또는 그런 이상적인 경지.

3. 무소불위 •　　　　　• ③ 잠자코 아무 대답도 하지 않음.

4. 박학다식 •　　　　　• ④ 외물(外物)과 자아, 객관과 주관, 또는 물질계와 정신계가 어울려 하나가 됨.

5. 무위도식 •　　　　　• ⑤ 병이나 사고로 반신이 마비되는 일. 또는 그런 사람.

6. 반신불수 •　　　　　• ⑥ 하는 일 없이 놀고먹음.

7. 무위자연 •　　　　　• ⑦ 아름다운 말로 듣기 좋게 꾸민 글귀.

8. 물아일체 •　　　　　• ⑧ 학식이 넓고 아는 것이 많음.

9. 미사여구 •　　　　　• ⑨ 하나를 듣고 열 가지를 미루어 앎. 지극히 총명함.

10. 박장대소 •　　　　　• ⑩ 손뼉을 치며 크게 웃음.

11. 반의지희 •　　　　　• ⑪ 이익을 적게 보고 많이 파는 것.

12. 박리다매 •　　　　　• ⑫ 늙어서 효도함.

다음 한자성어에 알맞은 뜻을 고르시오

1. 문일지십 (   )

   ①하지 못하는 일이 없음.

   ②잠자코 아무 대답도 하지 않음.

   ③하나를 듣고 열 가지를 미루어 안다는 뜻으로, 지극히 총명함을 이르는 말.

2. 반신반의 (   )

   ①얼마쯤 믿으면서도 한편으로는 의심함.

   ②불 보듯 뻔하다.

   ③아름다운 말로 듣기 좋게 꾸민 글귀.

3. 반포지효 (   )

   ①자식이 자란 후에 어버이의 은혜를 갚는 효성을 이르는 말.

   ②눈앞에 벌어진 상황을 눈 뜨고 차마 볼 수 없음.

   ③얼마쯤 믿으면서도 한편으로는 의심함.

4. 발본색원 (   )

   ①어떤 일에 직접 관계가 없는 사람.

   ②한 군데도 빠짐이 없는 모든 곳.

   ③좋지 않은 일의 근본 원인이 되는 요소를 완전히 없애 버려서 다시는 그러한 일이 생길 수 없도록 함.

5. 반의지희 (   )

   ①아름다운 말로 듣기 좋게 꾸민 글귀.

   ②늙어서 효도함을 이르는 말.

   ③찾아오는 사람이 많아 집 문 앞이 시장을 이루다시피 함을 이르는 말.

다음 뜻에 맞는 한자성어를 고르시오

6. 나쁜 일의 근본 원인을 완전히 없애 버려서 다시는 그러한 일이 생길 수 없도록 함.   (   )

　　①발본색원

　　②배수진

　　③미사여구

7. 병이나 사고로 반신이 마비되는 일. 또는 그런 사람.   (   )

　　①물아일체

　　②반신불수

　　③박장대소

8. 잠자코 아무 대답도 하지 않음.   (   )

　　①묵묵부답

　　②문일지십

　　③반의지희

9. 종이, 붓, 먹, 벼루의 네 가지 문방구.   (   )

　　①문방사우

　　②박학다식

　　③반포지효

10.어떤 일을 성취하기 위하여 더 이상 물러설 수 없음.   (   )

　　① 박리다매

　　② 배수진

　　③ 발본색원

다음 빈칸에 알맞은 말을 쓰시오.

1.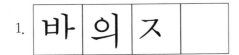

   · 늙어서 효도함을 이르는 말.

2.

   · 하지 못하는 일이 없음.

3.

   · 하나를 듣고 열 가지를 미루어 안다는 뜻. 지극히 총명함.

4.

   · 외물(外物)과 자아, 객관과 주관, 또는 물질계와 정신계가 어울려 하나가 됨.

5.

   · 아름다운 말로 듣기 좋게 꾸민 글귀.

6.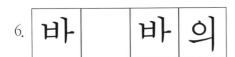

   · 어느 정도 믿으면서도 한편으로는 의심함.

7.

· 좋지 않은 일의 근본 원인이 되는 요소를 완전히 없애서 다시는 그런 일이 발생할 수 없도록 함.

8.

· 사람의 힘을 더하지 않은 그대로의 자연. 또는 그런 이상적인 경지.

9.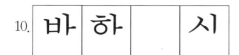

· 이익을 적게 보고 많이 파는 것.

10.

· 학식이 넓고 아는 것이 많음.

11.

· 한 군데도 빠짐이 없는 모든 곳.

12.

· 찾아오는 사람이 많아 집 문 앞이 시장을 이루다시피 함.

제10강

▶ 배은망덕(背恩忘德)	남에게 입은 은덕을 저버리고 배신하는 태도가 있음.
▶ 백골난망(白骨難忘)	죽어서 백골이 되어도 잊을 수 없다는 뜻으로 남에게 큰 은덕을 입었을 때 고마움의 뜻으로 이르는 말. 예)이번에 한 번 도와주시면 <u>백골난망</u>하겠습니다.
▶ 백년대계(百年大計)	먼 앞날까지 미리 내다보고 세우는 크고 중요한 계획.
▶ 백년해로(百年偕老)	부부가 되어 한평생을 사이좋게 지내고 즐겁게 함께 늙음.
▶ 백면서생(白面書生)	한갓 글만 읽고 세상일에는 전혀 경험이 없는 사람.
▶ 백발백중(百發百中)	①백 번 쏘아 백 번 맞힌다는 뜻. ②무슨 일이나 틀림없이 잘 들어맞음.
▶ 백배사죄(百拜謝罪)	거듭 절을 하며 잘못한 일에 대해 용서를 빎. 예) <u>백배사죄</u>할테니 부디 용서하시오.
▶ 백안시(白眼視)	남을 업신여기거나 무시하는 태도로 흘겨봄. 예)<u>백안시</u>하는 태도에 질렸다.
▶ 백일몽(白日夢)	대낮에 꿈을 꾼다는 뜻으로, 실현될 수 없는 헛된 공상.
▶ 백전백승(百戰百勝)	싸울 때마다 다 이김. 예) 장점을 부각시키고 단점을 보완하면 <u>백전백승</u>이다.
▶ 백절불굴(百折不屈)	어떠한 난관에도 결코 굽히지 않음. 예)절대로 꺾이지 않고 <u>백절불굴</u>로 버텼다.
▶ 백지상태(白紙狀態)	①종이에 아무것도 쓰지 않은 상태. ②어떠한 대상에 대하여 아무것도 모르는 상태.
▶ 백척간두(百尺竿頭)	백 자나 되는 높은 장대 위에 올라선다는 뜻으로 몹시 어렵고 위태로운 지경.
▶ 백해무익(百害無益)	해롭기만 하고 이로운 바가 없음. 예)아무 도움도 안 되는 <u>백해무익</u>한 존재다.
▶ 변화무쌍(變化無雙)	변하는 정도가 비할 데 없이 심함. 예) 워낙 <u>변화무쌍</u>해서 정체를 알 수가 없다.
▶ 보무타려(保無他慮)	확실하여 의심할 나위가 전혀 없음.
▶ 부귀영화(富貴榮華)	재산이 많고 지위가 높아져 온갖 영광을 누림. 예)그는 말년에 <u>부귀영화</u>를 누렸다.
▶ 부자유친(父子有親)	오륜(五倫)의 하나. 아버지와 아들 사이의 도리는 친애에 있음.
▶ 부전자전(父傳子傳)	아들의 성격이나 생활 습관 따위가 아버지로부터 대물림된 것처럼 비슷함.
▶ 부지기수(不知其數)	헤아릴 수가 없을 만큼 많음. 예) 그런 일은 <u>부지기수</u>로 일어나는 일이다.
▶ 부지소운(不知所云)	뭐라고 말하여야 좋을지 모름.
▶ 부지하경(不知何境)	어느 경우에 이를지 알지 못함. 예) 자꾸만 상황이 바뀌고 의견이 갈리니 <u>부하지경</u>이었다.

뜻이 통하는 것끼리 이으시오.

1. 백해무익 •

•① 남에게 입은 은덕을 저버리고 배신하는 태도가 있음.

2. 백년대계 •

•② 남에게 큰 은덕을 입었을 때 느끼는 고마움.

3. 배은망덕 •

•③ 변하는 정도가 비할 데 없이 심함.

4. 변화무쌍 •

•④ 먼 앞날까지 미리 내다보고 세우는 크고 중요한 계획.

5. 부자유친 •

•⑤ 부부가 되어 한평생을 사이좋게 지내고 즐겁게 함께 늙음.

6. 백골난망 •

•⑥ 대낮에 꿈을 꾼다는 뜻으로, 실현될 수 없는 헛된 공상.

7. 백년해로 •

•⑦ 백 자나 되는 높은 장대 위에 올라섰다는 뜻으로, 몹시 어렵고 위태로운 지경.

8. 백척간두 •

•⑧ 해롭기만 하고 하나도 이로운 바가 없음.

9. 백일몽 •

•⑨ 확실하여 의심할 나위가 전혀 없음.

10.백절불굴 •

•⑩ 오륜(五倫)의 하나. 아버지와 아들 사이의 도리는 친애에 있음.

11.보무타려 •

•⑪ 거듭 절을 하며 잘못한 일에 대해 용서를 빎.

12.백배사죄 •

•⑫ 어떠한 난관에도 결코 굽히지 않음.

다음 한자성어에 알맞은 뜻을 고르시오

1. 백골난망 (   )

    ①남에게 입은 은덕을 저버리고 배신하는 태도가 있음.

    ②여럿 가운데에서 가장 뛰어난 사람이나 훌륭한 물건

    ③남에게 큰 은덕을 입었을 때 고마움의 뜻으로 이르는 말.

2. 백발백중 (   )

    ①백 번 쏘아 백 번 맞힌다는 뜻으로, 총이나 활 따위를 쏠 때마다 겨눈 곳에 다 맞음을 이르는 말.

    ②남에게 입은 은덕을 저버리고 배신하는 태도가 있음.

    ③병이 고치기 어렵게 몸속 깊이 듦.

3. 부귀영화 (   )

    ①재산이 많고 지위가 높으며 귀하게 되어서 세상에 드러나 온갖 영광을 누림.

    ②남을 업신여기거나 무시하는 태도로 흘겨봄.

    ③추첨 혹은 상대편의 기권으로 경기를 치르지 않고 이기는 일.

4. 백척간두 (   )

    ①남에게 큰 은덕을 입었을 때 고마움의 뜻으로 이르는 말.

    ②몹시 어렵고 위태로운 지경을 이르는 말.

    ③먼 앞날까지 미리 내다보고 세우는 크고 중요한 계획.

5. 보무타려 (   )

    ①확실하여 의심할 나위가 전혀 없음.

    ②부부가 되어 한평생을 사이좋게 지내고 즐겁게 함께 늙음.

    ③어떠한 난관에도 결코 굽히지 않음.

다음 뜻에 맞는 한자성어를 고르시오

6. 해롭기만 하고 하나도 이로운 바가 없음.　　　　　　　　　　　　(　　)

　　①부전자전

　　②부지기수

　　③백해무익

7. 남에게 큰 은덕을 입었을 때 고마움의 뜻으로 이르는 말.　　　　(　　)

　　①배은망덕

　　②백면서생

　　③백골난망

8. 대낮에 꿈을 꾼다는 뜻으로, 실현될 수 없는 헛된 공상을 이르는 말.　　(　　)

　　①백일몽

　　②백발백중

　　③백척간두

9. 몹시 어렵고 위태로운 지경을 이르는 말.　　　　　　　　　　　　(　　)

　　①보무타려

　　②백척간두

　　③부전자전

10. 어느 경우에 이를지 알지 못함.　　　　　　　　　　　　　　　　(　　)

　　①백지상태

　　②백안시

　　③부지하경

다음 빈칸에 알맞은 말을 쓰시오.

1.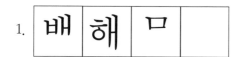

  · 해롭기만 하고 하나도 이로운 바가 없음.

2.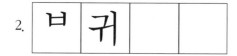

  · 재산이 많고 지위가 높으며 귀하게 되어 온갖 영광을 누림.

3.

  · 확실하여 의심할 나위가 전혀 없음.

4.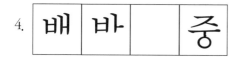

  · 백 번 쏘아 백 번 맞힌다는 뜻, 총이나 활 따위를 쏠 때마다 겨눈 곳에 다 맞음.

5.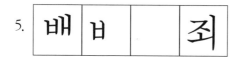

  · 거듭 절을 하며 잘못한 일에 대해 용서를 빎.

6.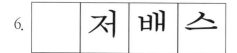

  · 싸울 때마다 다 이김.

7.

· 남에게 입은 은덕을 저버리고 배신하는 태도.

8.

· 오륜(五倫)의 하나. 아버지와 아들 사이의 도리는 친애에 있음.

9.

· 헤아릴 수가 없을 만큼 많음. 또는 그렇게 많은 수효.

10.

· 아들의 성격이나 생활 습관 따위가 아버지로부터 대물림된 것처럼 같거나 비슷함.

11.

· ①종이에 아무것도 쓰지 않은 상태. ②어떠한 대상에 대하여 아무것도 모르는 상태.

12.

· 한갓 글만 읽고 세상일에는 전혀 경험이 없는 사람.

제11강

▶ 부창부수(夫唱婦隨)	남편이 주장하고 아내가 이에 잘 따름. 또는 부부 사이의 그런 도리.
▶ 부화뇌동(附和雷同)	줏대 없이 남의 의견에 따라 움직임. 예)자기 생각 없이 <u>부화뇌동</u>하고 있다니!
▶ 분골쇄신(粉骨碎身)	뼈를 가루로 만들고 몸을 부순다는 뜻으로, 정성으로 노력함. 예) 이번 일을 맡겨주신다면, <u>분골쇄신</u>하여 진행해 보겠습니다.
▶ 불가사의(不可思議)	사람의 생각으로는 미루어 헤아릴 수 없이 이상하고 야릇함.
▶ 불가항력(不可抗力)	사람의 힘으로는 저항할 수 없는 힘. 예)불가항력의 힘 앞에서 무력했다.
▶ 불철주야(不撤晝夜)	어떤 일에 몰두하여 조금도 쉴 사이 없이 밤낮을 가리지 않음.
▶ 불협화음(不協和音)	어떤 집단 내의 사람들 사이가 원만하지 않음.
▶ 붕우유신(朋友有信)	오륜(五倫)의 하나. 벗과 벗 사이의 도리는 믿음에 있음.
▶ 비명횡사(非命橫死)	뜻밖의 사고를 당하여 제명대로 살지 못하고 죽음.
▶ 비몽사몽(非夢似夢)	완전히 잠이 들지도 잠에서 깨어나지도 않은 어렴풋한 상태.
▶ 비분강개(悲憤慷慨)	슬프고 분하여 의분이 북받침.
▶ 빈부귀천(貧富貴賤)	가난함과 부유함, 귀함과 천함을 아울러 이르는 말. 예)빈부귀천이 없던 시절.
▶ 빙탄불상용 (氷炭不相容)	얼음과 숯의 성질이 정반대이어서 서로 용납하지 못한다는 뜻으로, 사물이 서로 화합하기 어려움.

ㅅ

▶ 사고무친(四顧無親)	의지할 만한 사람이 아무도 없음. 예) 실직하고 나서 <u>사고무친</u>의 신세가 되었다.
▶ 사군이충(事君以忠)	세속 오계의 하나. 충성으로써 임금을 섬긴다는 말.
▶ 사기충천(士氣衝天)	사기가 하늘을 찌를 듯이 높음. 예)<u>사기충천</u>하여 승리를 확신했다.
▶ 사농공상(士農工商)	예전에, 백성을 나누던 네 가지 계급. 선비, 농부, 공장(工匠), 상인.
▶ 사대주의(事大主義)	주체성이 없이 세력이 강한 나라나 사람을 받들어 섬기는 태도.
▶ 사리사욕(私利私慾)	사사로운 이익과 욕심. 예) 다들 <u>사리사욕</u>을 챙기느라 여념이 없다.

뜻이 통하는 것끼리 이으시오.

1. 비분강개 •　　　　　• ① 남편이 주장하고 아내가 이에 잘 따름.

2. 부창부수 •　　　　　• ② 정성으로 노력함을 이르는 말.

3. 불철주야 •　　　　　• ③ 줏대 없이 남의 의견에 따라 움직임.

4. 붕우유신 •　　　　　• ④ 사람의 생각으로는 미루어 헤아릴 수 없이 이상하고 야릇함.

5. 부화뇌동 •　　　　　• ⑤ 어떤 일에 몰두하여 조금도 쉴 사이 없이 밤낮을 가리지 않음.

6. 사고무친 •　　　　　• ⑥ 오륜(五倫)의 하나. 벗과 벗 사이의 도리는 믿음에 있음.

7. 불가사의 •　　　　　• ⑦ 슬프고 분하여 의분이 북받침.

8. 빙탄불상용 •　　　　• ⑧ 의지할 만한 사람이 아무도 없음.

9. 분골쇄신 •　　　　　• ⑨ 사물이 서로 화합하기 어려움을 이르는 말.

10. 사기충천 •　　　　　• ⑩ 사기가 하늘을 찌를 듯이 높음.

11. 사리사욕 •　　　　　• ⑪ 예전에, 백성을 나누던 네 가지 계급. 선비, 농부, 공장(工匠), 상인.

12. 사농공상 •　　　　　• ⑫ 사사로운 이익과 욕심.

다음 한자성어에 알맞은 뜻을 고르시오

1. 부창부수 (   )

   ①사람의 힘으로는 저항할 수 없는 힘.

   ②남편이 주장하고 아내가 이에 잘 따름. 또는 부부 사이의 그런 도리.

   ③뜻밖의 사고를 당하여 제명대로 살지 못하고 죽음.

2. 비몽사몽 (   )

   ①겉으로는 비슷하나 속은 완전히 다름.

   ②어떤 일에 몰두하여 조금도 쉴 사이 없이 밤낮을 가리지 아니함.

   ③완전히 잠이 들지도 잠에서 깨어나지도 않은 어렴풋한 상태.

3. 사고무친 (   )

   ①벗과 벗 사이의 도리는 믿음에 있음.

   ②의지할 만한 사람이 아무도 없음.

   ③슬프고 분하여 의분이 북받침.

4. 불협화음 (   )

   ①겉으로는 비슷하나 속은 완전히 다름. 또는 그런 것.

   ②어떤 집단 내의 사람들 사이가 원만하지 않음.

   ③어떤 일에 몰두하여 조금도 쉴 사이 없이 밤낮을 가리지 않음.

5. 부화뇌동 (   )

   ①마음속에 있어서 잊을 수 없는 사람.

   ②사람의 생각으로는 미루어 헤아릴 수 없이 이상하고 야릇함.

   ③줏대 없이 남의 의견에 따라 움직임.

다음 뜻에 맞는 한자성어를 고르시오

6. 줏대 없이 남의 의견에 따라 움직임.　　　　　　　　　　　　　　（　　　　）

　　①불협화음

　　②비명횡사

　　③부화뇌동

7. 사물이 서로 화합하기 어려움.　　　　　　　　　　　　　　　　　（　　　　）

　　①불가항력

　　②빙탄불상용

　　③불가사의

8. 슬프고 분하여 의분이 북받침.　　　　　　　　　　　　　　　　　（　　　　）

　　①비분강개

　　②사리사욕

　　③사군이충

9. 완전히 잠이 들지도 잠에서 깨어나지도 않은 어렴풋한 상태.　　　（　　　　）

　　①빈부귀천

　　②사군이충

　　③비몽사몽

10. 사기가 하늘을 찌를 듯이 높음.　　　　　　　　　　　　　　　　（　　　　）

　　①부창부수

　　②비분강개

　　③사기충천

다음 빈칸에 알맞은 말을 쓰시오.

1.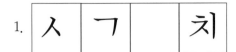

   · 의지할 만한 사람이 아무도 없음.

2.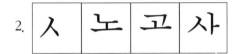

   · 예전에, 백성을 나누던 네 가지 계급. 선비, 농부, 공장(工匠), 상인.

3.

   · 줏대 없이 남의 의견에 따라 움직임.

4.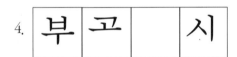

   · 뼈를 가루로 만들고 몸을 부순다는 뜻, 정성으로 노력함.

5.

   · 사람의 힘으로는 저항할 수 없는 힘.

6.

   · 어떤 일에 몰두하여 조금도 쉴 사이 없이 밤낮을 가리지 않음.

7.

· 사사로운 이익과 욕심.

8.

· 오륜(五倫)의 하나. 벗과 벗 사이의 도리는 믿음에 있음.

9.

· 완전히 잠이 들지도 잠에서 깨어나지도 않은 어렴풋한 상태.

10.

· 슬프고 분하여 의분이 북받침.

11.

· 남편이 주장하고 아내가 이에 잘 따름. 또는 부부 사이의 그런 도리.

12.

· 사람의 생각으로는 미루어 헤아릴 수 없이 이상하고 야릇함.

제12강

▶ 사면초가(四面楚歌)	아무에게도 도움을 받지 못하는, 외롭고 곤란한 지경에 빠진 형편.
▶ 사사건건(事事件件)	해당되는 모든 일 또는 온갖 사건. 예)사사건건 시비를 거니 난감했다.
▶ 사생결단(死生決斷)	죽고 사는 것을 돌보지 않고 끝장을 내려고 함.
▶ 사중구활(死中求活)	죽을 수밖에 없는 처지에서 한 가닥 살길을 찾음.
▶ 사친이효(事親以孝)	세속 오계의 하나. 어버이를 섬기기를 효도로써 함.
▶ 사필귀정(事必歸正)	모든 일은 반드시 바른길로 돌아감. 예) 세상사 모두 사필귀정이다.
▶ 산간벽촌(山間僻村)	구석지고 후미진 산골의 마을. 예)산간벽촌의 그 집을 떠나 도시로 이사를 왔다.
▶ 산전수전(山戰水戰)	산에서도 싸우고 물에서도 싸웠다는 뜻으로 세상의 온갖 고생과 어려움을 다 겪었음. 예) 산전수전 다 겪어서 이젠 놀랍지도 않다.
▶ 산중호걸(山中豪傑)	산속에 사는 호걸이라는 뜻으로, 호랑이나 호랑이의 기상(氣象)을 이르는 말.
▶ 산천만리(山川萬里)	산을 넘고 내를 건너 아주 멂.
▶ 산해진미(山海珍味)	산과 바다에서 나는 온갖 진귀한 물건으로 차린, 맛이 좋은 음식.
▶ 살생유택(殺生有擇)	세속 오계의 하나. 살생하는 데에 가림이 있다는 뜻으로 살생을 함부로 하지 말고 가려서 해야 함.
▶ 살신성인(殺身成仁)	자기의 몸을 희생하여 인(仁)을 이룸. 논어에 나오는 말.
▶ 삼간초가(三間草家)	세 칸밖에 안 되는 초가라는 뜻으로, 아주 작은 집.
▶ 삼강오륜(三綱五倫)	유교의 도덕에서 기본이 되는 세 가지의 강령과 지켜야 할 다섯 가지의 도리.
▶ 삼고초려(三顧草廬)	인재를 맞아들이기 위하여 참을성 있게 노력함. 촉한의 유비가 제갈량에게 세 번이나 찾아갔다는 데서 유래.
▶ 삼라만상(森羅萬象)	우주에 있는 온갖 사물과 현상.
▶ 삼삼오오(三三五五)	서너 사람 또는 대여섯 사람이 떼 지어 다님. 예) 친구들이 삼삼오오 모여 걸어갔다.
▶ 삼손우(三損友)	사귀면 손해가 되는 세 종류의 벗. 편벽한 벗, 착하기만 하고 줏대가 없는 벗, 말만 잘하고 성실하지 못한 벗.

뜻이 통하는 것끼리 이으시오.

1. 산전수전　•

2. 사생결단　•

3. 사필귀정　•

4. 사면초가　•

5. 산천만리　•

6. 사중구활　•

7. 사사건건　•

8. 살신성인　•

9. 산중호걸　•

10. 사친이효　•

11. 삼라만상　•

12. 산해진미　•

　•　① 세상의 온갖 고생과 어려움을 다 겪었음.

　•　② 해당되는 모든 일 또는 온갖 사건.

　•　③ 아무에게도 도움을 받지 못하는 곤란한 지경에 빠진 형편.

　•　④ 모든 일은 반드시 바른길로 돌아감.

　•　⑤ 죽고 사는 것을 돌보지 않고 끝장을 내려고 함.

　•　⑥ 세속 오계의 하나. 어버이를 섬기기를 효도로써 함.

　•　⑦ 산을 넘고 내를 건너 아주 멂.

　•　⑧ 자기의 몸을 희생하여 인(仁)을 이룸. 논어에 나오는 말이다.

　•　⑨ 죽을 수밖에 없는 처지에서 한 가닥 살길을 찾음.

　•　⑩ 우주에 있는 온갖 사물과 현상.

　•　⑪ 산속에 사는 호걸이라는 뜻. 호랑이나 호랑이의 기상(氣象).

　•　⑫ 산과 바다에서 나는 온갖 진귀한 물건으로 차린, 맛이 좋은 음식.

다음 한자성어에 알맞은 뜻을 고르시오

1. 사면초가 (　　　　)

　①아무에게도 도움을 받지 못하는, 외롭고 곤란한 지경에 빠진 형편.

　②구석지고 후미진 산골의 마을.

　③세속 오계의 하나. 어버이를 섬기기를 효도로써 함.

2. 산전수전 (　　　　)

　①모든 일은 반드시 바른길로 돌아감.

　②산을 넘고 내를 건너 아주 멂.

　③세상의 온갖 고생과 어려움을 다 겪었음을 이르는 말.

3. 삼손우 (　　　　)

　①죽을 수밖에 없는 처지에서 한 가닥 살길을 찾음.

　②우주에 있는 온갖 사물과 현상.

　③ 사귀면 손해가 되는 세 종류의 벗. 편벽한 벗, 착하기만 하고 줏대가 없는 벗, 말만 잘하고 성실하지 못한 벗.

4. 사중구활 (　　　　)

　①모든 일은 반드시 바른길로 돌아감.

　②자기의 몸을 희생하여 인(仁)을 이룸. 논어에 나오는 말.

　③죽을 수밖에 없는 처지에서 한 가닥 살길을 찾음.

5. 사필귀정 (　　　　)

　①죽고 사는 것을 돌보지 않고 끝장을 내려고 함.

　②산과 바다에서 나는 온갖 진귀한 물건으로 차린 맛 좋은 음식.

　③모든 일은 반드시 바른길로 돌아감.

다음 뜻에 맞는 한자성어를 고르시오

6. 인재를 맞아들이기 위하여 참을성 있게 노력함.　　　　　　　　　　　(　　　)

　　①삼고초려

　　②사필귀정

　　③사친이효

7. 아무에게도 도움을 받지 못하는, 외롭고 곤란한 지경에 빠진 형편을 이르는 말.　(　　　)

　　①사친이효

　　②살신성인

　　③사면초가

8. 자기의 몸을 희생하여 인(仁)을 이룸.　　　　　　　　　　　　　　　(　　　)

　　①살생유택

　　②살신성인

　　③산중호걸

9. 우주에 있는 온갖 사물과 현상.　　　　　　　　　　　　　　　　　(　　　)

　　①삼라만상

　　②사생결단

　　③삼삼오오

10.모든 일은 반드시 바른길로 돌아감.　　　　　　　　　　　　　　　(　　　)

　　①산천만리

　　②사필귀정

　　③산해진미

다음 빈칸에 알맞은 말을 쓰시오.

1.

   · 아무에게도 도움을 받지 못하는, 외롭고 곤란한 지경에 빠진 형편.

2.

   · 해당되는 모든 일 또는 온갖 사건.

3.

   · 산과 바다에서 나는 온갖 진귀한 물건으로 차린, 맛 좋은 음식.

4.

   · 세 칸밖에 안 되는 초가라는 뜻으로, 아주 작은 집.

5.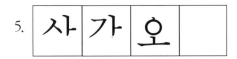

   · 유교의 도덕에서 기본이 되는 세 가지의 강령과 지켜야 할 다섯 가지의 도리.

6.

   · 죽을 수밖에 없는 처지에서 한 가닥 살길을 찾음.

7.

· 세속 오계의 하나. 어버이를 섬기기를 효도로써 함을 이른다.

8.

· 인재를 맞아들이기 위하여 참을성 있게 노력함.

9.

· 서너 사람 또는 대여섯 사람이 떼를 지어 다니거나 무슨 일을 함.

10.

· 자기의 몸을 희생하여 인(仁)을 이룸.

11.

· 모든 일은 반드시 바른길로 돌아감.

12.

· 세상의 온갖 고생과 어려움을 다 겪었음.

제13강

▶ 삼순구식 (三旬九食) 삼십 일 동안 아홉 끼니밖에 먹지 못한다는 뜻. 몹시 가난함.

▶ 삼척동자 (三尺童子) 키가 석 자 정도밖에 되지 않는 어린아이. 철없는 어린아이.

▶ 상궁지조 (傷弓之鳥) 한 번 화살에 맞은 새는 구부러진 나무만 보아도 놀란다는 뜻. 한 번 혼이 난 일로 늘 의심과 두려운 마음을 품는 것.

▶ 상부상조 (相扶相助) 서로서로 도움. 예)서로 <u>상부상조</u>하니 결과도 만족스럽다.

▶ 새옹지마 (塞翁之馬) 인생의 길흉화복은 변화가 많아서 예측하기가 어려움.

▶ 색즉시공 (色卽是空) 현실의 물질적 존재는 모두 인연에 따라 만들어진 것으로서 불변하는 고유의 존재성이 없음. 반야심경에 나오는 말.

▶ 생로병사 (生老病死) 사람이 나고 늙고 병들고 죽는 네 가지 고통.

▶ 생면부지 (生面不知) 서로 한 번도 만난 적이 없어서 전혀 알지 못하는 사람.

▶ 석고대죄 (席藁待罪) 거적을 깔고 엎드려서 임금의 처분이나 명령을 기다리던 일.

▶ 선견지명 (先見之明) 어떤 일이 일어나기 전에 미리 앞을 내다보고 아는 지혜.

▶ 선공후사 (先公後私) 공적인 일을 먼저 하고 사사로운 일은 뒤로 미룸.

▶ 선남선녀 (善男善女) 성품이 착한 남자와 여자란 뜻으로, 착하고 어진 사람들.

▶ 섬섬옥수 (纖纖玉手) 가냘프고 고운 여자의 손. 예) 희고 고운 얼굴에 <u>섬섬옥수</u>를 가진 숙녀.

▶ 성인군자 (聖人君子) 성인과 군자를 아울러 이르는 말. 예)그 어떤 <u>성인군자</u>도 용납할 수 없는 일이다.

▶ 세대교체 (世代交替) 신세대가 구세대와 교대하여 어떤 일의 주역이 됨.

▶ 세상만사 (世上萬事) 세상에서 일어나는 온갖 일.

▶ 세속오계 (世俗五戒) 신라 화랑(花郎)의 다섯 가지 계율. 사군이충 · 사친이효 · 교우이신 · 임전무퇴 · 살생유택.

▶ 소식불통 (消息不通) 소식이 서로 끊김. 예) 점점 연락이 뜸해지더니 이제는 <u>소식불통</u>이다.

▶ 소탐대실 (小貪大失) 작은 것을 탐하다가 큰 것을 잃음. 예)<u>소탐대실</u>하지 말고 뭘 해야 할 지 생각해.

▶ 속수무책 (束手無策) 손을 묶은 것처럼 어찌할 도리가 없어 꼼짝 못 함.

뜻이 통하는 것끼리 이으시오.

1. 소탐대실 •　　　• ① 작은 것을 탐하다가 큰 것을 잃음.

2. 삼순구식 •　　　• ② 삼십 일 동안 아홉 끼니밖에 먹지 못한다는 뜻으로, 몹시 가난함.

3. 색즉시공 •　　　• ③ 세상에서 일어나는 온갖 일.

4. 삼척동자 •　　　• ④ 키가 석 자 정도밖에 되지 않는 어린아이. 철없는 어린아이.

5. 세속오계 •　　　• ⑤ 인생의 길흉화복은 변화가 많아서 예측하기가 어렵다는 말.

6. 새옹지마 •　　　• ⑥ 현실의 물질적 존재는 모두 인연에 따라 만들어진 것으로서 불변하는 고유의 존재성이 없음.

7. 세상만사 •　　　• ⑦ 신라 화랑(花郞)의 다섯 가지 계율.

8. 섬섬옥수 •　　　• ⑧ 가냘프고 고운 여자의 손.

9. 성인군자 •　　　• ⑨ 손을 묶은 것처럼 어찌할 도리가 없어 꼼짝 못 함.

10. 속수무책 •　　　• ⑩ 성인과 군자를 아울러 이르는 말.

11. 선남선녀 •　　　• ⑪ 서로 한 번도 만난 적이 없어서 전혀 알지 못하는 사람.

12. 생면부지 •　　　• ⑫ 성품이 착한 남자와 여자란 뜻. 착하고 어진 사람들.

다음 한자성어에 알맞은 뜻을 고르시오

1. 삼순구식 (   )

   ①인생의 길흉화복은 변화가 많아서 예측하기가 어려움.

   ②서로서로 도움.

   ③삼십 일 동안 아홉 끼니밖에 먹지 못한다는 뜻으로, 몹시 가난함.

2. 선견지명 (   )

   ①일정한 거처 없이 떠돌아다니며 지냄

   ②어떤 일이 일어나기 전에 미리 앞을 내다보고 아는 지혜.

   ③가냘프고 고운 여자의 손.

3. 소탐대실 (   )

   ①병이 고치기 어렵게 몸속 깊이 듦.

   ②작은 것을 탐하다가 큰 것을 잃음.

   ③어떤 일이 일어나기 전에 미리 앞을 내다보고 아는 지혜.

4. 석고대죄 (   )

   ①매우 부유함.

   ②어려운 조건을 무릅쓰고 힘을 다해 싸움.

   ③거적을 깔고 엎드려서 임금의 처분이나 명령을 기다리던 일.

5. 새옹지마 (   )

   ①인생의 길흉화복은 변화가 많아서 예측하기가 어렵다는 말.

   ②몹시 가난함.

   ③키가 석 자 정도밖에 되지 않는 어린아이. 철없는 어린아이.

다음 뜻에 맞는 한자성어를 고르시오

6. 삼십 일 동안 아홉 끼니밖에 먹지 못한다는 뜻으로, 몹시 가난함을 이르는 말.　　　　(　　　)

　　①삼순구식

　　②색즉시공

　　③상궁지조

7. 사람이 나고 늙고 병들고 죽는 네 가지 고통.　　　　(　　　)

　　①생로병사

　　②석고대죄

　　③선공후사

8. 성인과 군자를 아울러 이르는 말.　　　　(　　　)

　　①성인군자

　　②소탐대실

　　③세속오계

9. 손을 묶은 것처럼 어찌할 도리가 없어 꼼짝 못 함.　　　　(　　　)

　　①속수무책

　　②선공후사

　　③세속오계

10.어떤 일이 일어나기 전에 미리 앞을 내다보고 아는 지혜.　　　　(　　　)

　　①삼순구식

　　②선견지명

　　③색즉시공

다음 빈칸에 알맞은 말을 쓰시오.

1.

· 삼십 일 동안 아홉 끼니밖에 먹지 못한다는 뜻으로 몹시 가난함.

2.

· 서로서로 도움.

3.

· 어떤 일이 일어나기 전에 미리 앞을 내다보고 아는 지혜.

4.

· 공적인 일을 먼저 하고 사사로운 일은 뒤로 미룸.

5.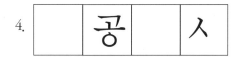

· 현실의 물질적 존재는 모두 인연에 따라 만들어진 것으로서 불변하는 고유의 존재성이 없음. 반야심경에 나오는 말.

6.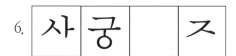

· 한 번 화살에 맞은 새는 구부러진 나무만 봐도 놀란다는 뜻. 한 번 혼이 난 일로 늘 의심과 두려운 마음을 품음.

7.

· 인생의 길흉화복은 변화가 많아서 예측하기가 어렵다는 말.

8.

· 작은 것을 탐하다가 큰 것을 잃음.

9.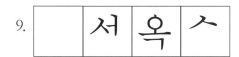

· 가냘프고 고운 여자의 손을 이르는 말.

10.

· 사친이효, 교우이신 등 신라 화랑(花郞)의 다섯 가지 계율.

11.

· 손을 묶은 것처럼 어쩔 도리가 없어 꼼짝 못 함.

12.

· 서로 한 번도 만난 적이 없어서 전혀 알지 못하는 사람.

제14강

▶ 속전속결(速戰速決) 싸움을 오래 끌지 아니하고 빨리 몰아쳐 이기고 짐을 결정함.

▶ 솔선수범(率先垂範) 남보다 앞장서서 행동해서 몸소 다른 사람의 본보기가 됨.

▶ 수구초심(首丘初心) 여우가 죽을 때에 머리를 자기가 살던 굴 쪽으로 둔다는 뜻으로, 고향을 그리워하는 마음.

▶ 수렴청정(垂簾聽政) 임금이 어린 나이로 즉위하였을 때, 왕대비나 대왕대비가 이를 도와 정사를 돌보던 일. 왕대비가 신하를 접견할 때 그 앞에 발을 늘인 데서 유래.

▶ 수불석권(手不釋卷) 손에서 책을 놓지 아니하고 늘 글을 읽음.

▶ 수수방관(袖手傍觀) 팔짱을 끼고 보고만 있다는 뜻으로, 간섭하거나 거들지 아니하고 그대로 버려 둠. 예) 언제까지 그렇게 수수방관하고 있을 건가요?

▶ 수어지교(水魚之交) 물이 없으면 살 수 없는 물고기와 물의 관계라는 뜻으로, 아주 친밀하여 떨어질 수 없는 사이. 예)2학년 때 만난 단짝친구는 그야말로 나와 수어지교다.

▶ 수원수구(誰怨誰咎) 누구를 원망하고 누구를 탓하겠냐는 뜻으로, 남을 원망하거나 탓할 것이 없음.

▶ 시기상조(時機尙早) 어떤 일을 하기에 아직 때가 이름.

▶ 시시각각(時時刻刻) 각각의 시각. 예) 형세는 시시각각 변하고 있었다.

시시비비(是是非非) 여러 가지의 잘잘못. 예) 그럼 대면하여 시시비비를 가려봅시다.

▶ 시종일관(始終一貫) 일 따위를 처음부터 끝까지 한결같이 함. 예) 시종일관 고집을 부리고 있다.

▶ 식자우환(識字憂患) 학식이 있는 것이 오히려 근심을 사게 됨. 예) 식자우환이라더니 모르는 게 약이네.

▶ 신변잡기(身邊雜記) 자신의 주변에서 일어나는 여러 가지 일을 적은 수필체의 글.

▶ 신신당부(申申當付) 거듭하여 간곡히 하는 당부. 예) 같은 실수를 반복하지 않기 위해 신신당부를 했다.

▶ 신출귀몰(神出鬼沒) 귀신같이 나타났다가 사라진다는 뜻으로, 그 움직임을 쉽게 알 수 없을 만큼 자유자재로 나타나고 사라짐을 비유적으로 이르는 말.

▶ 신토불이(身土不二) 몸과 땅은 둘이 아니고 하나라는 뜻으로, 자기가 사는 땅에서 산출한 농산물이라야 체질에 잘 맞음.

▶ 신화(身火) 몸을 태우는 불이라는 뜻으로, 사람의 끝없는 욕심을 이르는 말.

뜻이 통하는 것끼리 이으시오.

1. 수렴청정 •

2. 속전속결 •

3. 수수방관 •

4. 솔선수범 •

5. 수구초심 •

6. 수불석권 •

7. 수원수구 •

8. 식자우환 •

9. 수어지교 •

10. 시기상조 •

11. 신출귀몰 •

12. 신토불이 •

• ① 남보다 앞장서서 행동해서 몸소 다른 사람의 본보기가 됨.

• ② 손에서 책을 놓지 아니하고 늘 글을 읽음.

• ③ 싸움을 오래 끌지 아니하고 빨리 몰아쳐 이기고 짐을 결정함.

• ④ 임금이 어린 나이로 즉위하였을 때, 왕대비나 대왕대비가 이를 도와 정사를 돌보던 일.

• ⑤ 고향을 그리워하는 마음.

• ⑥ 아주 친밀하여 떨어질 수 없는 사이.

• ⑦ 간섭하거나 거들지 아니하고 그대로 버려둠.

• ⑧ 남을 원망하거나 탓할 것이 없음을 이르는 말.

• ⑨ 어떤 일을 하기에 아직 때가 이름.

• ⑩ 움직임을 쉽게 알 수 없을 만큼 자유자재로 나타나고 사라짐.

• ⑪ 학식이 있는 것이 오히려 근심을 사게 됨.

• ⑫ 자기가 사는 땅에서 산출한 농산물이라야 체질에 잘 맞음.

다음 한자성어에 알맞은 뜻을 고르시오

1. 솔선수범 (   )

   ①남보다 앞장서서 행동해서 몸소 다른 사람의 본보기가 됨.

   ②여러 가지의 잘잘못.

   ③손에서 책을 놓지 아니하고 늘 글을 읽음.

2. 수어지교 (   )

   ①아주 친밀하여 떨어질 수 없는 사이를 비유적으로 이르는 말.

   ② 각각의 시각.

   ③일 따위를 처음부터 끝까지 한결같이 함.

3. 신출귀몰 (   )

   ①싸움을 오래 끌지 아니하고 빨리 몰아쳐 이기고 짐을 결정함.

   ②남보다 앞장서서 행동해서 몸소 다른 사람의 본보기가 됨.

   ③귀신같이 나타났다가 사라진다는 뜻으로, 그 움직임을 쉽게 알 수 없을 만큼 자유자재로 나타나고 사라짐.

4. 수구초심 (   )

   ①학식이 있는 것이 오히려 근심을 사게 됨.

   ②거듭하여 간곡히 하는 당부.

   ③고향을 그리워하는 마음을 이르는 말.

5. 식자우환 (   )

   ①어떤 일을 하기에 아직 때가 이름.

   ②학식이 있는 것이 오히려 근심을 사게 됨.

   ③일 따위를 처음부터 끝까지 한결같이 함.

다음 뜻에 맞는 한자성어를 고르시오

6. 손에서 책을 놓지 아니하고 늘 글을 읽음.   (   )

    ①수구초심

    ②수원수구

    ③수불석권

7. 어떤 일을 하기에 아직 때가 이름.   (   )

    ①시기상조

    ②솔선수범

    ③시시각각

8. 거듭하여 간곡히 하는 당부.   (   )

    ①신신당부

    ②시시비비

    ③시시각각

9. 자기가 사는 땅에서 산출한 농산물이라야 체질에 잘 맞음.   (   )

    ①신토불이

    ②수어지교

    ③신화

10. 간섭하거나 거들지 아니하고 그대로 내버려둠.   (   )

    ①수불석권

    ②수수방관

    ③수렴청정

다음 빈칸에 알맞은 말을 쓰시오.

1.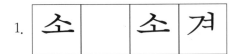

　· 싸움을 오래 끌지 아니하고 빨리 몰아쳐 이기고 짐을 결정함.

2. | 시 | 출 | | |

　· 귀신같이 나타났다가 사라진다는 뜻. 그 움직임을 쉽게 알 수 없을 만큼 자유자재로 나타나고 사라짐.

3. | | | | |

　· 남보다 앞장서서 행동해서 몸소 다른 사람의 본보기가 됨.

4.

　· 팔짱을 끼고 보고만 있다는 뜻으로, 간섭하거나 돕지 않고 그대로 내버려둠.

5. | 수 | 구 | | 시 |

　· 여우가 죽을 때에 머리를 자기가 살던 굴 쪽으로 둔다는 뜻으로, 고향을 그리워하는 마음.

6. | 수 | | ㅅ | ㄱ |

　· 누구를 원망하고 누구를 탓하겠냐는 뜻으로, 남을 원망하거나 탓할 것이 없음.

7.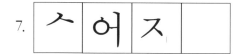

· 아주 친밀하여 떨어질 수 없는 사이.

8.

· 어떤 일을 하기에 아직 때가 이름.

9.

· 기가 사는 땅에서 산출한 농산물이라야 체질에 잘 맞음.

10.

· 임금이 어린 나이로 즉위하였을 때, 왕대비나 대왕대비가 이를 도와 정사를 돌보던 일.

11.

· 손에서 책을 놓지 아니하고 늘 글을 읽음.

12.

· 일 따위를 처음부터 끝까지 한결같이 함.

제15강

▶ 실사구시(實事求是)   사실에 토대를 두어 진리를 탐구하는 일.

▶ 심기망상(心氣妄想)   자신의 건강에 대하여 필요 이상으로 걱정하여 지레 큰 병에 걸렸다고 생각함.

▶ 심기일전(心機一轉)   어떤 동기가 있어 이제까지 가졌던 마음가짐을 버리고 완전히 달라짐.

▶ 심사숙고(深思熟考)   깊이 잘 생각함. 예)심사숙고하여 결정하겠습니다.

▶ 십년감수(十年減壽)   수명이 십 년이나 줄 정도로 위험한 고비를 겪음.

▶ 십년지기(十年知己)   오래전부터 친히 사귀어 잘 아는 사람.

▶ 십시일반(十匙一飯)   밥 열 술이 한 그릇이 된다는 뜻. 여러 사람이 조금씩 힘을 합하면 한 사람을 돕기 쉬움. 예)십시일반으로 성금을 모아 수재민을 도왔다.

▶ 십중팔구(十中八九)   열 가운데 여덟이나 아홉 정도로 거의 대부분이거나 거의 틀림없음.

▶ 십지부동(十指不動)   열 손가락을 꼼짝하지 아니한다는 뜻으로, 게을러서 아무 일도 하지 않음.

▶ 십행구하(十行俱下)   열 줄의 글을 단번에 읽어 내려간다는 뜻으로, 책 읽는 속도가 매우 빠름.

ㅇ

▶ 아비규환(阿鼻叫喚)   여러 사람이 비참한 지경에 빠져 울부짖는 참상.

▶ 아전인수(我田引水)   자기 논에 물 대기라는 뜻으로, 자기에게만 이롭게 되도록 생각하거나 행동함.

▶ 악사천리(惡事千里)   나쁜 일에 대한 소문은 빠르게 널리 퍼져 알려짐.

▶ 악역무도(惡逆無道)   비길 데 없이 악독하고 도리에 맞지 않음.

▶ 악전고투(惡戰苦鬪)   매우 어려운 조건을 무릅쓰고 힘을 다하여 고생스럽게 싸움.

▶ 안득불연(安得不然)   어찌 그러하지 않겠느냐의 뜻으로, 마땅히 그러할 것임을 이르는 말.

▶ 안마지로(鞍馬之勞)   말에 안장을 얹는 수고라는 뜻으로, 먼 길을 달려가는 수고.

▶ 안면박대(顔面薄待)   잘 아는 사람을 푸대접함.

▶ 안빈낙도(安貧樂道)   가난한 생활을 하면서도 편안한 마음으로 도를 즐겨 지킴.

▶ 안서(雁書)   먼 곳에서 소식을 전하는 편지.

뜻이 통하는 것끼리 이으시오.

1. 아비규환 •   • ① 오래전부터 친히 사귀어 잘 아는 사람.

2. 심기망상 •   • ② 사실에 토대를 두어 진리를 탐구하는 일.

3. 십년지기 •   • ③ 어떤 동기로 이제까지 가졌던 마음가짐을 버리고 완전히 달라짐.

4. 십시일반 •   • ④ 자신의 건강에 대하여 지나치게 걱정하여 지레 큰 병에 걸렸다고
여김.

5. 실사구시 •   • ⑤ 열 가운데 여덟이나 아홉 정도로 거의 거의 틀림없음.

6. 십중팔구 •   • ⑥ 깊이 잘 생각함.

7. 심기일전 •   • ⑦ 여러 사람이 비참한 지경에 빠져 울부짖는 참상.

8. 악사천리 •   • ⑧ 여러 사람이 조금씩 힘을 합하면 한 사람을 돕기 쉬움.

9. 심사숙고 •   • ⑨ 매우 어려운 조건을 무릅쓰고 힘을 다하여 고생스럽게 싸움.

10. 악역무도 •   • ⑩ 나쁜 일에 대한 소문은 빠르게 널리 퍼져 알려짐.

11. 안빈낙도 •   • ⑪ 비길 데 없이 악독하고 도리에 맞지 않음.

12. 악전고투 •   • ⑫ 가난한 생활을 하면서도 편안한 마음으로 도를 즐겨 지킴.

다음 한자성어에 알맞은 뜻을 고르시오

1. 십시일반 (   )

   ①나쁜 일에 대한 소문은 빠르게 널리 퍼져 알려짐.

   ②잘 아는 사람을 푸대접함.

   ③여러 사람이 조금씩 힘을 합하면 한 사람을 돕기 쉬움을 이르는 말.

2. 심기일전 (   )

   ①열 가운데 여덟이나 아홉 정도로 거의 대부분이거나 거의 틀림없음.

   ②어떤 동기가 있어 이제까지 가졌던 마음가짐을 버리고 완전히 달라짐.

   ③수명이 십 년이나 줄 정도로 위험한 고비를 겪음.

3. 안서   (   )

   ①매우 어려운 조건을 무릅쓰고 힘을 다하여 고생스럽게 싸움.

   ②먼 길을 달려가는 수고.

   ③먼 곳에서 소식을 전하는 편지.

4. 아비규환 (   )

   ①여러 사람이 비참한 지경에 빠져 울부짖는 참상.

   ②잘 아는 사람을 푸대접함.

   ③자기에게만 이롭게 되도록 생각하거나 행동함.

5. 안빈낙도 (   )

   ①가난한 생활을 하면서도 편안한 마음으로 도를 즐겨 지킴.

   ②어찌 그러하지 않겠느냐의 뜻으로, 마땅히 그러할 것임.

   ③ 비길 데 없이 악독하고 도리에 맞지 않음.

다음 뜻에 맞는 한자성어를 고르시오

6. 사실에 토대를 두어 진리를 탐구하는 일.   (   )

   ①심기일전

   ②십시일반

   ③실사구시

7. 열 손가락을 꼼짝하지 아니한다는 뜻으로, 게을러서 아무 일도 하지 않음.   (   )

   ①십지부동

   ②십년감수

   ③악역무도

8. 열 줄의 글을 단번에 읽어 내려간다는 뜻으로, 책 읽는 속도가 매우 빠름.   (   )

   ①아전인수

   ②십중팔구

   ③십행구하

9. 자기에게만 이롭게 되도록 생각하거나 행동함.   (   )

   ①실사구시

   ②아전인수

   ③심사숙고

10. 매우 어려운 조건을 무릅쓰고 힘을 다하여 고생스럽게 싸움.   (   )

   ①십시일반

   ②악전고투

   ③악사천리

다음 빈칸에 알맞은 말을 쓰시오.

1.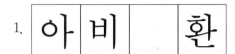

・여러 사람이 비참한 지경에 빠져 울부짖는 참상.

2.

・사실에 토대를 두어 진리를 탐구하는 일.

3.

・나쁜 일에 대한 소문은 빠르게 널리 퍼져 알려짐.

4.

・매우 어려운 조건을 무릅쓰고 힘을 다하여 고생스럽게 싸움.

5.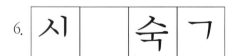

・어떤 동기가 있어 이제까지 가졌던 마음가짐을 버리고 완전히 달라짐.

6. 시 □ 숙 ㄱ

・깊이 잘 생각함.

7.

| 아 | 마 | ス | |

· 말에 안장을 얹는 수고라는 뜻으로, 먼 길을 달려가는 수고를 이르는 말.

8.

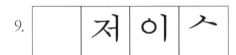

| 시 | 중 | 파 | |

· 열 가운데 여덟이나 아홉 정도로 거의 대부분이거나 거의 틀림없음.

9.

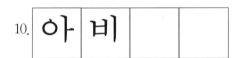

| | 저 | 이 | ㅅ |

· 자기에게만 이롭게 되도록 생각하거나 행동함.

10.

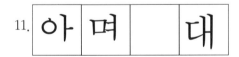

| 아 | 비 | | |

· 가난한 생활을 하면서도 편안한 마음으로 도를 즐겨 지킴.

11.

| 아 | 며 | | 대 |

· 잘 아는 사람을 푸대접함.

12.

| | | | |

· 여러 사람이 조금씩 힘을 합하면 한 사람을 돕기 쉬움.

제16강

▶ 안하무인(眼下無人) 눈 아래에 사람이 없다는 뜻으로, 교만하여 타인을 업신여김.

▶ 암중모색(暗中摸索) 물건 따위를 어둠 속에서 더듬어 찾음.

▶ 애걸복걸(哀乞伏乞) 부탁을 들어 달라고 사정하며 간절히 빎. 예) 애걸복걸 사정했지만 매몰차게 거절 당했다.

▶ 애이불비(哀而不悲) 슬프지만 겉으로는 슬픔을 나타내지 않음.

▶ 애지중지(愛之重之) 매우 사랑하고 소중히 여기는 모양. 예)누나가 애지중지 기른 강아지가 병이 들었다.

▶ 야광명월(夜光明月) 밤에 밝게 빛나는 달. 예) 저 호수 아래 야광명월의 그림자!

▶ 야반도주(夜半逃走) 남의 눈을 피하여 한밤중에 도망함. 예)이미 야반도주하고 사라진 지 오래다.

▶ 약육강식(弱肉強食) 약한 자가 강한 자에게 먹힌다는 뜻. 약한 자가 강한 자에게 끝내는 멸망됨.
예) 동물들의 세계는 양육강식 그 자체다.

▶ 양자택일(兩者擇一) 둘 중에서 하나를 고름. 예) 드디어 양자택일의 순간이 왔다.

▶ 어로불변(魚魯不辨) 어(魚) 자와 노(魯) 자를 구별하지 못한다는 뜻으로, 아주 무식함.

▶ 어불성설(語不成說) 말이 조금도 사리에 맞지 않음. 예) 어렵사리 내놓은 변명은 어불성설에 불과했다.

▶ 억하심정(抑何心情) 무슨 생각으로 그러는지 알 수 없거나 마음속 깊이 맺힌 마음. 예) 무슨 억하심정이 있어서 갑자기 반대를 거야?

▶ 언감생심(焉敢生心) 어찌 감히 그런 마음을 품을 수 있겠냐는 뜻으로, 전혀 그런 마음이 없었음.

▶ 언어도단(言語道斷) 말문이 끊어졌다는 뜻으로, 어이가 없어서 말하고 싶어도 말할 수 없음.

▶ 언중유골(言中有骨) 말 속에 뼈가 있다는 뜻, 예사로운 말 속에 단단한 속뜻이 들어 있음.

▶ 언행일치(言行一致) 말과 행동이 하나로 들어맞음. 또는 말한 대로 실행함.

▶ 엄동설한(嚴冬雪寒) 눈 오는 깊은 겨울의 혹독한 추위.예) 이 엄동설한에 어디로 간 거야?

▶ 여리박빙(如履薄氷) 살얼음을 밟는 것과 같다는 뜻으로, 아슬아슬하고 위험한 일.

▶ 염화미소(拈華微笑) 말로 통하지 않고 마음에서 마음으로 전하는 일.

▶ 오만불손(傲慢不遜) 태도나 행동이 거만하고 공손하지 않음. 예)네 오만불손한 태도부터 고쳐라.

▶ 오방잡처(五方雜處) 여러 곳에서 온 사람들이 섞여 삶.

뜻이 통하는 것끼리 이으시오.

1. 언감생심 •　　　　　　　• ① 물건 따위를 어둠 속에서 더듬어 찾음.

2. 어불성설 •　　　　　　　• ② 소원 따위를 들어 달라고 애처롭게 사정하며 간절히 빎.

3. 안하무인 •　　　　　　　• ③ 방자하고 교만하여 다른 사람을 업신여김.

4. 암중모색 •　　　　　　　• ④ 전혀 그런 마음이 없었음.

5. 애걸복걸 •　　　　　　　• ⑤ 말로 통하지 아니하고 마음에서 마음으로 전하는 일.

6. 염화미소 •　　　　　　　• ⑥ 말이 조금도 사리에 맞지 않음.

7. 야반도주 •　　　　　　　• ⑦ 아슬아슬하고 위험한 일.

8. 여리박빙 •　　　　　　　• ⑧ 슬프지만 겉으로는 슬픔을 나타내지 않음.

9. 애이불비 •　　　　　　　• ⑨ 남의 눈을 피하여 한밤중에 도망함.

10.언행일치 •　　　　　　　• ⑩ 예사로운 말 속에 단단한 속뜻이 들어 있음.

11.언중유골 •　　　　　　　• ⑪ 태도나 행동이 거만하고 공손하지 못함.

12.오만불손 •　　　　　　　• ⑫ 말과 행동이 하나로 들어맞음. 또는 말한 대로 실행함.

다음 한자성어에 알맞은 뜻을 고르시오

1. 암중모색 (   )

    ①방자하고 교만하여 다른 사람을 업신여김을 이르는 말.

    ②물건 따위를 어둠 속에서 더듬어 찾음.

    ③매우 사랑하고 소중히 여기는 모양.

2. 염화미소 (   )

    ①말로 통하지 아니하고 마음에서 마음으로 전하는 일.

    ②무슨 생각으로 그러는지 알 수 없거나 마음속 깊이 맺힌 마음.

    ③말과 행동이 하나로 들어맞음. 또는 말한 대로 실행함.

3. 억하심정 (   )

    ①무슨 생각으로 그러는지 알 수 없거나 마음속 깊이 맺힌 마음을 이르는 말.

    ②남의 눈을 피하여 한밤중에 도망함.

    ③밤에 밝게 빛나는 달.

4. 오만불손 (   )

    ①말이 조금도 사리에 맞지 않음.

    ②매우 사랑하고 소중히 여기는 모양.

    ③태도나 행동이 거만하고 공손하지 못함.

5. 어로불변 (   )

    ①태도나 행동이 거만하고 공손하지 못함.

    ②아슬아슬하고 위험한 일을 비유적으로 이르는 말.

    ③아주 무식함을 비유적으로 이르는 말.

다음 뜻에 맞는 한자성어를 고르시오

6. 방자하고 교만하여 다른 사람을 업신여김을 이르는 말.　　　　　　　(　　　　)

　　①애지중지

　　②야반도주

　　③ 안하무인

7. 강한 자가 약한 자를 희생시켜 번영하고 약한 자가 강한 자에게 끝내는 멸망됨을 이르는 말.　(　　)

　　① 어불성설

　　② 야반도주

　　③ 약육강식

8. 여러 곳에서 온 사람들이 섞여 삶.　　　　　　　　　　　　　　　(　　　　)

　　① 억하심정

　　② 어로불변

　　③ 오방잡처

9. 태도나 행동이 거만하고 공손하지 못함.　　　　　　　　　　　　　(　　　　)

　　①오만불손

　　②언감생심

　　③ 언행일치

10.아슬아슬하고 위험한 일을 비유적으로 이르는 말.　　　　　　　　　(　　　　)

　　①애지중지

　　②염화미소

　　③여리박빙

다음 빈칸에 알맞은 말을 쓰시오.

1.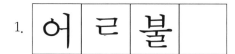

   · 아주 무식함.

2.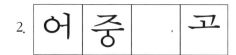

   · 예사로운 말 속에 단단한 속뜻이 들어 있음.

3.

   · 태도나 행동이 거만하고 공손하지 못함.

4.

   · 슬프지만 겉으로는 슬픔을 나타내지 않음.

5.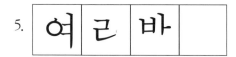

   · 아슬아슬하고 위험한 일.

6.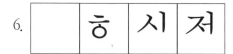

   · 무슨 생각으로 그러는지 알 수 없거나 마음속 깊이 맺힌 마음.

7.

· 방자하고 교만하여 다른 사람을 업신여김.

8.

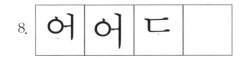

· 어이가 없어서 말하려 해도 말할 수 없음.

9.

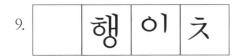

· 말과 행동이 하나로 들어맞음. 또는 말한 대로 행동함.

10.

· 말로 통하지 않고 마음에서 마음으로 전하는 일.

11.

· ① 물건 따위를 어둠 속에서 더듬어 찾음. ② 어림으로 무엇을 알아내거나 찾아내려 함.

12.

· 소원 따위를 들어 달라고 간절히 빎.

제17강

▶ 오리무중(五里霧中)	오 리나 되는 짙은 안개 속에 있다는 뜻, 어떤 일에 관하여 방향, 갈피를 잡을 수 없음. 예) 앞으로 어떻게 헤쳐나가야 할 지 오리무중이다.
▶ 오매불망(寤寐不忘)	자나 깨나 잊지 못함. 예) 그저 네가 돌아오길 오매불망 기다렸다.
▶ 오밀조밀(奧密稠密)	①솜씨나 재간이 매우 정교한 모양. ② 마음 씀씀이가 매우 꼼꼼하고 자상한 모양.
▶ 오비삼척 (吾鼻三尺)	내 코가 석 자라는 뜻, 자기 사정이 급해 타인을 돌볼 틈이 없음.
▶ 오비이락 (烏飛梨落)	까마귀 날자 배 떨어진다는 뜻, 아무 관련 없이 한 일이 공교롭게도 때가 같아 억울하게 의심을 받거나 난처한 위치에 서게 됨.
▶ 오십보백보 (五十步百步)	조금 낫고 못한 정도의 차이는 있으나 본질적으로는 차이가 없음. 예)너희들끼리 자꾸 다투는데, 그래봤자 도토리 키재기, 오십보백보야.
▶ 오월동주(吳越同舟)	사이가 나쁜 사람들이 서로 도와야 하는 상황에 있음을 이르는 말.
▶ 오합지졸(烏合之卒)	까마귀가 모인 것처럼 질서 없이 모인 병졸이라는 뜻. 임시로 모여서 규율이 없고 무질서한 병졸 또는 군중.
▶ 온고지정(溫故之情)	옛일을 돌이켜 생각하고 그리는 마음이나 정.
▶ 온고지신(溫故知新)	옛것을 익히고 그것을 미루어서 새것을 앎.
▶ 와신상담(臥薪嘗膽)	불편한 섶에 몸을 눕히고 쓸개를 맛본다는 뜻으로, 원수를 갚거나 목표를 이루기 위해 온갖 어려움과 괴로움을 참고 견딤.
▶ 완전무결(完全無缺)	충분히 갖추어져 있어 아무런 결점이 없음. 예) 완전무결한 수준의 작품이다.
▶ 요령부득(要領不得)	말이나 글 따위의 요령을 잡을 수가 없음. 예) 아무리 봐도 요령부득이다.
▶ 요조숙녀(窈窕淑女)	말과 행동이 품위가 있으며 얌전하고 정숙한 여자.
▶ 요지부동(搖之不動)	흔들어도 꼼짝하지 아니함. 예) 아무리 설득해도 그는 요지부동이었다.
▶ 용감무쌍(勇敢無雙)	용기가 있으며 씩씩하고 기운차기 짝이 없음. 예) 용감무쌍한 너의 태도에 놀았다.
▶ 용미봉탕(龍味鳳湯)	용과 봉황으로 만든 음식이라는 뜻. 맛이 매우 좋은 음식.

뜻이 통하는 것끼리 이으시오.

1. 오비삼척 •　　　　　　　• ① 조금 낫고 못한 정도의 차이는 있으나 본질적으로는 차이가 없음.

2. 오십보백보 •　　　　　　• ② 내 코가 석 자라는 뜻으로, 자기 사정이 급하여 남을 돌볼 겨를이 없음.

3. 오리무중 •　　　　　　　• ③ 옛일을 돌이켜 생각하고 그리는 마음이나 정.

4. 와신상담 •　　　　　　　• ④ 무슨 일에 대하여 방향이나 갈피를 잡을 수 없음.

5. 오밀조밀 •　　　　　　　• ⑤ 솜씨나 재간이 매우 정교하고 세밀한 모양.

6. 온고지정 •　　　　　　　• ⑥ 아무 관계도 없이 한 일이 공교롭게도 때가 같아 억울하게 의심을 받거나 난처한 위치에 서게 됨.

7. 오매불망 •　　　　　　　• ⑦ 임시로 모여들어서 규율이 없고 무질서한 병졸 또는 군중.

8. 온고지신 •　　　　　　　• ⑧ 자나 깨나 잊지 못함.

9. 오비이락 •　　　　　　　• ⑨ 옛것을 익히고 그것을 미루어서 새것을 앎.

10. 오합지졸 •　　　　　　　• ⑩ 마음먹은 일을 이루기 위해 온갖 어려움과 괴로움을 참고 견딤.

11. 요지부동 •　　　　　　　• ⑪ 용기가 있으며 씩씩하고 기운차기 짝이 없음.

12. 용감무쌍 •　　　　　　　• ⑫ 흔들어도 꼼짝하지 않음.

다음 한자성어에 알맞은 뜻을 고르시오

1. 완전무결 (   )

   ① 용기가 있으며 씩씩하고 기운차기 짝이 없음.

   ② 옛것을 익히고 그것을 미루어서 새것을 앎.

   ③ 충분히 갖추어져 있어 아무런 결점이 없음.

2. 오매불망 (   )

   ① 자기 사정이 급하여 남을 돌볼 겨를이 없음.

   ② 자나 깨나 잊지 못함.

   ③ 말이나 글 따위의 요령을 잡을 수가 없음.

3. 오리무중 (   )

   ① 옛일을 돌이켜 생각하고 그리는 마음이나 정.

   ② 무슨 일에 대하여 방향이나 갈피를 잡을 수 없음.

   ③ 조금 낫고 못한 정도의 차이는 있으나 본질적으로는 차이가 없음.

4. 요지부동 (   )

   ① 말과 행동이 품위가 있으며 얌전하고 정숙한 여자.

   ② 용기가 있으며 씩씩하고 기운차기 짝이 없음.

   ③ 흔들어도 꿈짝하지 아니함.

5. 온고지신 (   )

   ① 옛일을 돌이켜 생각하고 그리는 마음이나 정.

   ② 충분히 갖추어져 있어 아무런 결점이 없음.

   ③ 옛것을 익히고 그것을 미루어서 새것을 앎.

다음 뜻에 맞는 한자성어를 고르시오

6. 용과 봉황으로 만든 음식이라는 뜻. 맛이 매우 좋은 음식.　　　　　　　　　　　　(　　　　)

　　①용미봉탕

　　②오월동주

　　③오비삼척

7. 자나 깨나 잊지 못함.　　　　　　　　　　　　　　　　　　　　　　　　　　　(　　　　)

　　①오매불망

　　②오합지졸

　　③오밀조밀

8. 조금 낮고 못한 정도의 차이는 있으나 본질적으로는 차이가 없음.　　　　　　　　(　　　　)

　　①오합지졸

　　②오리무중

　　③오십보백보

9. 원수를 갚거나 마음먹은 일을 이루기 위해 온갖 괴로움을 참고 견딤.　　　　　　(　　　　)

　　①오월동주

　　②와신상담

　　③오비이락

10.말이나 글 따위의 요령을 잡을 수가 없음.　　　　　　　　　　　　　　　　　(　　　　)

　　①요령부득

　　②오합지졸

　　③용감무쌍

다음 빈칸에 알맞은 말을 쓰시오.

1.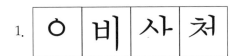

　· 내 사정이 급하여 남을 돌볼 겨를이 없음.

2.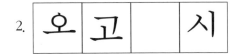

　· 옛것을 익히고 그것을 미루어서 새것을 앎.

3.

　· 임시로 모여들어서 규율이 없고 무질서한 병졸 또는 군중.

4.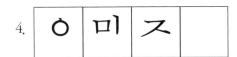

　· ① 솜씨나 재간이 매우 정교하고 세밀한 모양. ② 마음 씀씀이가 매우 꼼꼼하고 자상한 모양.

5.

　· 원수를 갚거나 마음먹은 일을 이루기 위해 온갖 어려움을 참고 견딤.

6.

　· 말이나 글 따위의 요령을 잡을 수가 없음.

7.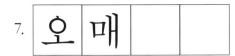

· 자나 깨나 잊지 못함.

8.

· 서로 적의를 품은 사람들이 한자리에 있게 된 경우나 서로 협력하여야 하는 상황.

9.

· 옛일을 돌이켜 생각하고 그리는 마음이나 정.

10.

· 충분히 갖추어져 있어 아무런 결점이 없음.

11.

· 용기가 있으며 씩씩하고 기운차기 짝이 없음.

12.

· 말과 행동이 품위가 있으며 정숙한 여자.

제18강

다음 한자성에 알맞은 뜻을 고르시오.

1. 만고천추 (   )

   ①많은 사람의 의견이 일치함.

   ②오래고 영원한 세월.

   ③눈에 띄는 모든 것이 쓸쓸함.

2. 두문불출 (   )

   ①집에만 있고 바깥출입을 아니함.

   ②괴로움도 즐거움도 함께함.

   ③아무런 탈 없이 아주 오래 삶.

3. 감탄고토 (   )

   ①어떤 일의 요점만 간단히 말함.

   ②달면 삼키고 쓰면 뱉는다는 뜻으로, 자신의 비위에 따라서 사리의 옳고 그름을 판단함을 이르는 말.

   ③바른 길에서 벗어난 학문으로 세상 사람에게 아첨함.

4. 낭중지추 (   )

   ①집에만 있고 바깥출입을 하지 않음.

   ②한없이 크고 넓은 바다

   ③재능이 뛰어난 사람은 숨어 있어도 저절로 사람 들에게 알려짐을 이르는 말.

5. 백년대계 (   )

   ①먼 앞날까지 미리 내다보고 세우는 크고 중요한 계획.

   ②하지 못하는 일이 없음.

   ③의지할 만한 사람이 아무도 없음

뜻이 통하는 것끼리 이으시오.

6. 모순 •   • ① 기운이 다하고 맥이 다 빠져 스스로 가누지 못할 지경이 됨.

7. 기진맥진 •   • ② 어떤 사실의 앞뒤, 또는 두 사실이 이치상 어긋나서 서로 안 맞음.

8. 보무타려 •   • ③ 융통성 없이 현실에 맞지 않는 낡은 생각을 고집하는 어리석음.

9. 수구초심 •   • ④ 확실하여 의심할 나위가 전혀 없음.

10. 각주구검 •   • ⑤ 고향을 그리워하는 마음.

11. 시기상조 •   • ⑥ 어떤 일을 하기에 아직 때가 이름.

12. 돈목지의 •   • ⑦ 사물이 서로 화합하기 어려움.

13. 빙탄불상용 •   • ⑧ 두텁고 화목한 정.

14. 곡학아세 •   • ⑨ 바른 길에서 벗어난 학문으로 세상 사람에게 아첨함.

15. 고육지책 •   • ⑩ 정성으로 노력함.

16. 분골쇄신 •   • ⑪ 어려운 상태를 벗어나기 위해 어쩔 수 없이 꾸며 내는 계책.

17. 누란지세 •   • ⑫ 몹시 위태로운 형세를 비유적으로 이르는 말.

다음 한자성어에 알맞은 뜻을 고르시오

18. 난형난제 (   )

①두 사물이 비슷하여 낫고 못함을 정하기 어려움.

②보고 들은 것이 많고 아는 것이 많음.

③만으로 나눈 것의 하나라는 뜻으로, 아주 적은 경우.

19. 박학다식 (   )

①학식이 넓고 아는 것이 많음.

②남을 업신여기거나 무시하는 태도로 흘겨봄.

③한갓 글만 읽고 세상일에는 전혀 경험이 없는 사람.

20. 결자해지 (   )

①자기가 저지른 일은 자기가 해결하여야 함.

②고립되어 구원을 받을 데가 없음.

③많은 사람 가운데서 뛰어난 인물을 이르는 말

21. 불협화음 (   )

①어떤 집단 내의 사람들 사이가 원만하지 않음.

②사람의 힘으로는 저항할 수 없는 힘.

③인재를 맞아들이기 위하여 참을성 있게 노력함.

22. 누란지세 (   )

①모든 일은 반드시 바른길로 돌아감.

②어떤 일이 일어나기 전에 미리 앞을 내다보고 아는 지혜.

③층층이 쌓아 놓은 알의 형세라는 뜻으로, 몹시 위태로운 형세.

23.

· 말은 느려도 실제 행동은 재빠르고 능란함.

24.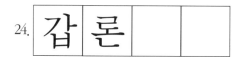

· 여러 사람이 서로 자신의 주장을 내세우며 상대편의 주장을 반박함.

25.

· 귀한 자손을 이르는 말.

26.

· 붉은 입술과 하얀 치아라는 뜻으로, 아름다운 여자를 이르는 말.

27.

· 만으로 나눈 것의 하나라는 뜻으로, 아주 적은 경우를 이르는 말.

28.

· 이름과 실상이 서로 꼭 맞음.

다음 빈칸에 알맞은 말을 쓰시오.

29.

· 사람의 힘을 더하지 않은 그대로의 자연. 또는 그런 이상적인 경지.

30.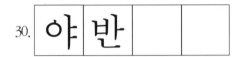

· 남의 눈을 피해 한밤중에 도망함.

31.

· 나쁜 사람과 가까이 지내면 나쁜 버릇에 물들기 쉬워짐.

32.

· 뜻한 바를 이루어 우쭐거리며 뽐냄.

33.

· 한없이 넓고 넓은 바다를 이르는 말.

34.

· 어떤 일에 몰두하여 조금도 쉴 새 없이 밤낮을 가리지 않음.

다음 뜻에 맞는 한자성어를 고르시오

35. 착한 일을 권장하고 악한 일을 징계함.   (   )

    ① 권선징악

    ② 와신상담

    ③ 오월동주

36. 한 번 혼이 난 일로 늘 의심과 두려운 마음을 품는 것을 이르는 말.   (   )

    ① 백안시

    ② 오십보백보

    ③ 상궁지조

37. 자기가 사는 땅에서 산출한 농산물이라 야 체질에 잘 맞음을 이르는 말.   (   )

    ① 신토불이

    ② 오비이락

    ③ 언어도단

38. 자고 있으나 깨어 있으나 잊지 못함.   (   )

    ① 오매불망

    ② 근묵자흑

    ③ 사리사욕

39. 흔들어도 꿈쩍하지 않음.   (   )

    ① 와신상담

    ② 요지부동

    ③ 거두절미

다음 한자성어에 알맞은 뜻을 고르시오

40. 빈부귀천 (   )

   ①가난함과 부유함, 귀함과 천함.

   ②남에게 입은 은덕을 저버리고 배신하는 태도.

   ③관찰력이나 판단력이 매우 정확하고 뛰어남.

41. 망연자실 (   )

   ①멍하니 정신을 잃음.

   ②괴로움도 즐거움도 함께함.

   ③더 낫고 더 못함의 차이가 거의 없음.

42. 섬섬옥수 (   )

   ①가냘프고 고운 여자의 손을 이르는 말.

   ② 죽을 수밖에 없는 처지에서 한 가닥 살길을 찾음.

   ③줏대 없이 남의 의견에 따라 움직임.

43. 아전인수 (   )

   ①자기에게만 이롭게 되도록 생각하거나 행동함.

   ②싸움을 오래 끌지 아니하고 빨리 몰아쳐 이기고 짐을 결정함.

   ③ 서로 한 번도 만난 적이 없어서 전혀 알지 못하는 사람. 또는 그런 관계.

44. 득의양양 (   )

   ①붉은 입술과 하얀 치아라는 뜻. 아름다운 여자.

   ②뜻한 바를 이루어 우쭐거리며 뽐냄.

   ③두루 섭렵하기만 하고 전공하는 바가 없어 끝내 성취하지 못함.

뜻이 통하는 것끼리 이으시오.

45. 난공불락 •   • ① 아슬아슬하고 위험한 일.

46. 여리박빙 •   • ② 공격하기가 힘들어 쉽게 함락되지 않음.

47. 막역지우 •   • ③ 두텁고 화목한 정

48. 돈목지의 •   • ④ 허물이 없이 아주 친한 친구.

49. 대기만성 •   • ⑤ 모든 것이 뜻대로 잘됨.

50. 만사형통 •   • ⑥ 말이 조금도 사리에 맞지 않음.

51. 몽중몽 •   • ⑦ 크게 될 사람은 늦게 이루어진다는 것을 의미하는 말.

52. 어불성설 •   • ⑧ 해롭기만 하고 조금도 이로운 점이 없음.

53. 산천만리 •   • ⑨ 꿈 속의 꿈이라는 뜻으로 이 세상이 덧없음.

54. 백해무익 •   • ⑩ 세상에 일어나는 온갖 일.

55. 세상만사 •   • ⑪ 산을 넘고 내를 건너 아주 멀다는 뜻.

56. 어로불변 •   • ⑫ 아는 것이 없어 아주 무식함.

MEMO

MEMO

제1강

· 5쪽

1.①   2.③   3.⑦   4.⑤   5.②
6.⑧   7.⑨   8.④   9.⑥   10.⑩
11.⑫   12.⑪

· 6~7쪽

1.③   2.①   3.③   4.②   5.③
6.②   7.②   8.①   9.②   10.①

해설)

1. **조족지혈**(鳥足之血) 새 발의 피. 매우 적은 분량.

4. **선제공격** (先制攻擊) 상대방을 제압하기 위해 선수를 쳐서 공격함.

5. **등하불명**(燈下不明) 등잔 밑이 어둡다, 가까이에 있는 물건이나 사람을 잘 찾지 못함.

· 8~9쪽

1.감개무량   2.감언이설   3.감탄고토
4.간담상조   5.개과천선   6.각주구검
7.개선장군   8.갑론을박   9.격물치지
10.건곤일척   11.거두절미   12.감지덕지

제2강

· 11쪽

1.②   2.①   3.⑦   4.⑥   5.③
6.⑨   7.④   8.⑧   9.⑤   10.⑩
11.⑫   12.⑪

· 12~13쪽

1.①   2.②   3.②   4.②   5.①
6.②   7.③   8.②   9.②   10.③

해설)

6. **천신만고**(千辛萬苦) 천가지 매운 것과 만 가지 쓴 것, 온갖 어려운 고비를 다 겪으며 고생함

8. **전화위복** (轉禍爲福) 근심, 걱정이 바뀌어서 오히려 좋은 일이 됨.

10. **침소봉대**(針小棒大) 작은 일을 크게 떠벌림.

· 14~15쪽

1.결자해지   2.계란유골   3.곡학아세
4.고진감래   5.고식지계   6.겸사겸사
7.고군분투   8.고관대작   9.고립무원
10.견토지쟁   11.고립무원   12.견원지간

제3강

· 17쪽

1.③   2.⑥   3.②   4.⑤   5.①
6.④   7.⑧   8.⑩   9.⑦   10.⑨
11.⑫   12.⑪

· 18쪽

1.③   2.②   3.③   4.③   5.③
6.②   7.③   8.①   9.③   10.②

해설

1. **구세주**(救世主) 세상을 구제하는 이.

3. **진수성찬**(珍羞盛饌) 푸짐하게 잘 차린 맛있는 음식.

5. **목석간장**(木石肝腸) 나무나 돌처럼 아무런 감정도 없는 마음씨

· 20~21쪽

1.골육지정   2.관포지교   3.구사일생
4.교우이신   5.과유불급   6.괄목상대
7.교언영색   8.구구절절   9.교각살우
10.구밀복검   11.골육상쟁   12.공명정대

제4강

· 23쪽

1.④   2.①   3.②   4.⑥   5.③
6.⑪   7.⑤   8.⑨   9.⑧   10.⑦
11.⑫   12.⑩

· 24~25쪽

1.①   2.③   3.③   4.①   5.②
6.①   7.②   8.①   9.②   10.①

해설

2.**박수갈채**(拍手喝采) 손뼉을 치고 소리를 질러 환영하거나 찬성함.

3.**공염불**(空念佛) 입으로만 외는 헛된 염불.

4.**이목구비**(耳目口鼻) 귀, 눈, 입, 코. 혹은 그것을 중심으로 한 얼굴의 생김새.

· 26쪽~27쪽

1.귤화위지	2.극악무도	3.금란지계
4.궁여지책	5.기고만장	6.금지옥엽
7.금상첨화	8.금의야행	9.기사회생
10.근묵자흑	11.궁여지책	12.권모술수

제5강

· 29쪽

1.④   2.③   3.⑤   4.①   5.②
6.⑨   7.⑦   8.⑥   9.⑧   10.⑪
11.⑩   12.⑫

· 30쪽~31쪽

1.③   2.②   3.③   4.①   5.①
6.②   7.②   8.①   9.③   10.②

해설

1. **대관절**(大關節) 여러 말 할 것 없이 요점만 말하면

2. **창졸지간**(倉卒之間) 어쩔 수 없이 급작스러운 순간.

4. **공평무사**(公平無私) 공평하여 사사로움이 없음.

· 32쪽~33쪽

1.누란지세	2.남부여대	3.노발대발
4.낭중지추	5.낙위지사	6.난형난제
7.남가일몽	8.낙정하석	9.낙화유수
10.난공불락	11.난득지물	12. 낙목공산

제6강

· 35쪽

1.⑤   2.③   3.⑧   4.②   5.①
6.④   7.⑥   8.⑦   9.⑩   10.⑪
11.⑨   12.⑫

· 36쪽~37쪽

1.②   2.③   3.③   4.③   5.③
6.③   7.③   8.②   9.③   10.③

해설

1.**미풍양속**(美風良俗) 아름답고 좋은 풍속, 기풍.

3.**명약관화**(明若觀火) 불을 보듯 분명함.

4.**개점휴업**(開店休業) 개점하고 있으나 장사가 안 되어 휴업한 것과 같은 상태.

· 38~39쪽

1.독서망양	2.대동소이	3.다기망양
4.대기만성	5.돈목지의	6.단순호치
7.다재다능	8.당연지사	9.대대손손
10.다문박식	11.다사다난	12.돈불고견

제7강

· 41쪽

1.⑤   2.④   3.①   4.⑥   5.⑦
6.②   7.⑪   8.⑩   9.③   10.⑫
11.⑨   12.⑧

· 42쪽~43쪽

1.③   2.③   3.②   4.③   5.①
6.①   7.①   8.①   9.①   10.③

해설

1.**가계부**(家計簿) 살림의 수입과 지출을 쓰는 장부.

2.**간담**(肝膽) 간과 쓸개, 속마음.

4.**기우**(杞憂) 미래에 대해 쓸데없는 걱정을 함.

1.등화가친　　2.동분서주　　3.마이동풍

4.동병상련　　5.막무가내　　6.동고동락

7.동문서답　　8.득의양양　　9.동서고금

10.만경창파　　11.막상막하　　12.막역지우

제8강

1.④　　2.⑥　　3.②　　4.③　　5.⑦

6.⑪　　7.⑤　　8.⑨　　9.⑩　　10.⑧

11.①　　12.⑫

1.③　　2.③　　3.③　　4.③　　5.①

6.①　　7.②　　8.②　　9.①　　10.③

해설

2.**만사태평**(萬事太平) 모든 일이 잘돼서 무탈하고 평안함.

3.**다방면**(多方面) 여러 방면.

4.**대리인**(代理人) 다른 사람을 대신하는 사람.

1.만고천추　　2.명실상부　　3.목불식정

4.망운지정　　5.명불허전　　6.명견만리

7.만분지일　　8.만사형통　　9.무궁무진

10.면종복배　　11.만수무강　　12.만장일치

제9강

1.③　　2.⑨　　3.①　　4.⑧　　5.⑥

6.⑤　　7.②　　8.④　　9.⑦　　10.⑩

11.⑫　　12.⑪

1.③　　2.①　　3.①　　4.③　　5.②

6.①　　7.②　　8.①　　9.①　　10.②

해설

3. **명약관화**(明若觀火) 불 보듯 뻔하다.

4. **목불인견**(目不忍見) 눈앞에 벌어진 상황을 눈 뜨고 차마 볼 수 없음.

5. **문외한**(門外漢) 어떤 일에 직접 관계가 없는 사람.

1.반의지희　　2.무소불위　　3.문일지십

4.물아일체　　5.미사여구　　6.반신반의

7.발본색원　　8.무위자연　　9.박리다매

10.박학다식　　11.방방곡곡　　12.문전성시

제10강

1.⑧　　2.④　　3.①　　4.③　　5.⑩

6.②　　7.⑤　　8.⑦　　9.⑥　　10.⑫

11.⑨　　12.⑪

1.③　　2.①　　3.①　　4.②　　5.①

6.③　　7.③　　8.①　　9.②　　10.③

해설

1.**백미**(白眉) 흰 눈썹. 여럿 가운데에서 가장 뛰어난 사람이나 훌륭한 물건.

2.**병입고황**(病入膏肓) 병이 고치기 어렵게 몸속 깊이 듦.

3.**부전승**(不戰勝) 추첨 혹은 상대편의 기권으로 경기를 치르지 않고 이기는 일.

1.백해무익　　2.부귀영화　　3.보무타려

4.백발백중　　5.백배사죄　　6.배전백승

7.배은망덕　　8.부자유친　　9.부지기수

10.부전자전　　11.백지상태　　12.백면서생

제11강

·65쪽

1.⑦ 2.① 3.⑤ 4.⑥ 5.③
6.⑧ 7.④ 8.⑨ 9.② 10.⑩
11.⑫ 12.⑪

·66~67쪽

1.② 2.③ 3.② 4.② 5.③
6.③ 7.② 8.① 9.③ 10.③

해설
2.**사이비**(似而非) 겉으로는 비슷하나 속은 다름.
4.**소문만복래**(笑門萬福來) 겉으로 비슷하나 속은 완전히 다름.
5.**의중지인**(意中之人) 마음속에 있어 잊을 수 없는 사람.

·68~69쪽

1.사고무친 2.사농공상 3.부화뇌동
4.분골쇄신 5.불가항력 6.불철주야
7.사리사욕 8.붕우유신 9.비몽사몽
10.비분강개 11.부창부수 12.불가사의

제12강

·71쪽

1.① 2.⑤ 3.④ 4.③ 5.⑦
6.⑨ 7.② 8.⑧ 9.⑪ 10.⑥
11.⑩ 12.⑫

·72~73쪽

1.① 2.③ 3.③ 4.③ 5.③
6.① 7.③ 8.② 9.① 10.②

·74~75쪽

1.사면초가 2.사사건건 3.산해진미
4.삼간초가 5.삼강오륜 6.사중구활
7.사친이효 8.삼고초려 9.삼삼오오
10.살신성인 11.사필귀정 12.산전수전

제13강

·77쪽

1.① 2.② 3.⑥ 4.④ 5.⑦
6.⑤ 7.③ 8.⑧ 9.⑩ 10.⑨
11.⑫ 12.⑪

·78~79쪽

1.③ 2.② 3.② 4.③ 5.①
6.① 7.① 8.① 9.③ 10.②

해설
2.**동가식서가숙**(東家食西家宿) 일정한 거처 없이 떠돌아다니며 지냄.
3. **병입고황**(病入膏肓) 병이 고치기 어렵게 깊이 듦.
4.**악전고투**(惡戰苦鬪) 어려운 조건을 무릅쓰고 힘을 다해 싸움.

·80~81쪽

1.삼순구식 2.상부상조 3.선견지명
4.선공후사 5.색즉지공 6.상궁지조
7.새옹지마 8.소탐대실 9.섬섬옥수
10.세속오계 11.속수무책 12.생면부지

제14강

·83쪽

1.④ 2.③ 3.⑦ 4.① 5.⑤
6.② 7.⑧ 8.⑪ 9.⑥ 10.⑨
11.⑩ 12.⑫

·84~85쪽

1.① 2.① 3.③ 4.③ 5.②
6.③ 7.① 8.① 9.① 10.②

·86~87쪽

1.속전속결 2.신출귀몰 3.솔선수범
4.수수방관 5.수구초심 6.수원수구
7.수어지교 8.시기상조 9.신토불이
10.수렴청정 11.수불석권 12.시종일관

제15강

· 89쪽

1.⑦   2.④   3.①   4.⑧   5.②
6.⑤   7.③   8.⑩   9.⑥   10.⑪
11.⑫   12.⑨

· 90~91쪽

1.③   2.②   3.③   4.①   5.①
6.③   7.①   8.③   9.②   10.②

· 92~93쪽

1.아비규환   2.실사구시   3.악사천리
4.악전고투   5.심기일전   6.심사숙고
7.안마지로   8.십중팔구   9.아전인수
10.안빈낙도   11.안면박대   12.십시일반

제16장

· 95쪽

1.④   2.⑥   3.③   4.①   5.②
6.⑤   7.⑨   8.⑦   9.⑧   10.⑫
11.⑩   12.⑪

· 96~97쪽

1.②   2.①   3.①   4.③   5.③
6.③   7.③   8.③   9.①   10.③

· 98~99쪽

1.어로불변   2.언중유골   3.오만불손
4.애이불비   5.여리박빙   6.억화심정
7.안하무인   8.언어도단   9.언행일치
10.염화미소   11.암중모색   12.애걸복걸

제17장

· 101쪽

1.②   2.①   3.④   4.⑩   5.⑤
6.③   7.⑧   8.⑨   9.⑥   10.⑦
11.⑫   12.⑪

· 102~103쪽

1.③   2.②   3.②   4.③   5.③
6.①   7.①   8.③   9.②   10.①

· 104~105쪽

1.오비삼척   2.온고지신   3.오합지졸
4.오밀조밀   5.와신상담   6.요령부득
7.오매불망   8.오월동주   9.온고지정
10.완전무결   11.용감무쌍   12.요조숙녀

제18강

· 106쪽

1.②   2.①   3.②   4.③   5.①

· 107쪽

6.②   7.①   8.④   9.⑤   10.③
11.⑥   12.⑧   13.⑦   14.⑨   15.⑪
16.⑩   17.⑫

· 108쪽

18.①   19.①   20.①   21.①   22.③
23.눌언민행   24.갑론을박   25.금지옥엽
26.단순호치   27.만분지일   28.명실상부
29.무위자연   30.야반도주   31.근묵자흑
32.득의양양   33.만경창파   34.불철주야
35.①   36.③   37.①   38.①   39.②
40.①   41.①   42.①   43.①   44.②

· 113쪽

45.②   46.①   47.④   48.③   49.⑦
50.⑤   51.⑨   52.⑥   53.⑪   54.⑧
55.⑩   56.⑫

자신감충전 카페 http://cafe.naver.com/studyinggo
출간후 발견되는 오류는 자신감충전 카페의 정정게시판을 확인하여 주세요.

자신감충전 중등국어 한자성어 1단계

초판 1쇄 발행 | 2019년 9월 10일

지은이 | 자신감충전
펴낸이 | 김지연
펴낸곳 | 생각의빛

주 소 | 경기도 파주시 한빛로 70 515-501

출판등록 | 2018년 8월 6일 제 406-2018-000094호

ISBN | 979-11-90082-26-6 (53700)

원고 투고 | sangkac@nate.com

* 값 13,000원